조선의 명탐정들

조선의 명탐정들

정명섭·최혁곤 지음

황금가지

목차

저자 서문 — 7

1. 앉아서 수수께끼를 풀다 - 세종대왕 — 9
세종대왕처럼 앉아서 범인을 체포한 탐정은? — 24

2. 권력의 중심에 칼을 겨누다 - 이휘 — 29
권력에 맞서 진실을 밝혀낸 탐정은? — 47

3. 법 위의 권력을 처단하다 - 박처륜 — 53
온갖 고난과 역경을 이겨내고 범인을 잡아낸 탐정은? — 68

4. 악녀 살인사건의 진실을 파헤치다 - 이의형 — 73
이의형처럼 가족들 간의 은밀한 비밀을 파헤친 탐정은? — 86

5. 천재적 두뇌를 가진 타락한 탐정 - 연산군 — 91
타인의 범죄를 꿰뚫어본 악당형 탐정은? — 107

6. 부인과 아들, 살인자는 누구인가? - 황헌 — 113
황헌처럼 억울한 누명을 쓴 의뢰인을 도와줬던 탐정은? — 126

7. 어머니의 누명을 벗기다 - 이순 — 131
이순처럼 가족 혹은 친구의 누명을 벗겨내기 위해 노력했던 탐정은? — 147

8. 부당한 수사에 맞선 용감한 선비들 - 이유달, 이민구, 목서흠 —— 153
이유달과 이민구, 목서흠처럼 여러 명이 합심해서
사건을 해결했던 탐정은? —— 169

9. 방방곡곡을 떠돌며 캐낸 숨은 진실 - 심염조 —— 175
심염조처럼 전국을 돌아다니며 사건을 해결한 탐정은? —— 189

10. 조선 최고의 명탐정 - 정약용 —— 195
현장 증거를 철저하게 조사해서 범인을 찾아내는 탐정은? —— 211

11. 한 치의 의심도 없게 하라 - 정조 —— 217
정조처럼 존귀한 신분으로서 범인을 찾아낸 탐정은? —— 230

12. 심리수사 기법으로 범인을 찾다 - 이름 모를 서흥 부사 —— 235
서흥 부사처럼 범인들의 심리를 간파한 탐정은? —— 245

13. 조선 투캅스 - 좌포청 군관 이종원, 우포청 군관 육중창 —— 251
이종원과 육중창처럼 콤비로 활약한 탐정은? —— 267

참고문헌 —— 272

이 글은 『조선왕조실록』과 『흠흠신서』, 『심리록』, 『일성록』, 『승정원일기』에 기록된 조선시대 벌어진 실제 살인사건에 작가들의 상상력을 더해서 쓴 것입니다.

저자 서문

조선의 명탐정들, 사건과 권력에 맞서다

조선 시대에 셜록 홈즈나 에르퀼 푸아로 같은 명탐정들이 있었다고 한다면 대부분의 사람들은 코웃음을 칠 것이다. 하지만 사람이 있는 곳에는 늘 갈등이 있었고, 이런 갈등은 종종 살인 같이 폭력적인 형태로 드러난다. 조선에도 사람이 살고 있었고, 범죄가 발생했다. 개중에는 오늘날의 기준으로 봐도 끔찍한 의문의 사건들도 적지 않았다. 그리고 이런 사건들을 해결해내는 사람들도 존재했다. 실제로 『조선왕조실록』이나 『흠흠신서』 등을 살펴보면 특유의 관찰력이나 세심함으로 남들이 보지 못한 사실들을 알아내고 그것을 토대로 범인을 잡아낸 사례가 종종 보인다. 이들이 사건을 해결하는 과정을 지켜보면 셜록 홈즈나 에르퀼 푸아로에 뒤지지 않는 솜씨를 보여줬다. 조선시대의 명탐정이라고 한다면 가장 먼저 떠올리는 정약용 역시 미궁에 빠질 법한 많은 사건들을 해결했다. 사실 우리가 알고 있는 대부분의 명탐정들은 과학이나 기술에 의존하기보다는 자신만의 직감이나 관찰을 토대로 범인을 찾아냈다. 조선시대의 명탐정들 역시 그러한 방법으로 미제 사건들을 해결해냈다.

조선 시대에는 백성들이 억울함을 느끼면 하늘이 노한다고 생각했다. 억울함에도 종류가 있겠지만 그 중에는 누명을 쓰고 감옥에 갇히거나 가족이나 친구가 죽었는데 범인을 잡지 못해서 비통해하는 경우도 포함될 것이다. 그래서 조선 시대에는 백성의 억울함을 풀어주고 하늘의 뜻을 거스르지 않으려고 살인사건을 비롯한 범죄의 해결에 많은 노력을 기울였다. 그 와중에 남들이 풀지 못한 사건을 해결하기 위해 맹활약한 명탐정들이 존재했다. 연산군이나 정조처럼 사건에 대한 보고를 받으면서 의문점을 푸는 경우도 있었고, 이휘나 박처륜처럼 직접 발로 뛰면서 현장과 시신을 조사하고 범인을 지목한 관리도 있었다. 이 책에서는 부족하나마 그런 이들의 발자취를 따라가 보려고 노력했다. 사극이나 역사소설에서는 미처 알지 못했던 조선의 또 다른 모습을 보는 셈이다. 처음 이 글을 쓰기로 결심하고 실행에 옮기기까지 많은 어려움이 있었다. 도움을 주신 많은 분들에게 감사하다는 얘기를 남기고 싶다. 특히 귀한 자료를 주시고 인용까지 허락해 주신 박광규 전 《계간미스터리》 편집장님께도 특별히 감사드린다.

1. 앉아서 수수께끼를 풀다
세종대왕

세종 11년 (1429년) 3월 23일

사역원(司譯院)¹에서 일을 마치고 명례방에 있는 집으로 돌아온 이춘발은 말에서 내려서 대청에 걸터앉았다.

"아이고 힘들어. 이제 왜(倭) 통사 노릇도 못해 먹겠구먼."

주먹으로 어깨를 툭툭 치면서 신세 한탄을 하는데 안방에서 나온 부인이 잔소리를 했다.

"아니, 누구처럼 힘을 쓰는 것도 아니고 그냥 왜어로 얘기하는 게 뭐가 힘들다고 엄살이에요."

---

1 고려와 조선시대 외국어 번역과 통역을 맡았던 관청.

"다들 쉽다고 생각하는데 이게 그렇게 녹록한 일이 아니야. 잔소리 말고 저녁상이나 차려."

이춘발은 아내가 투덜대며 부엌으로 들어가는 뒷모습을 보면서 생각에 잠겼다.

"벌써 이십 년 전인가?"

새파랗게 젊었던 시절, 그는 왜국에 잡혀갔던 조선 백성 28명을 데려왔다. 당시 임금이었던 태종은 크게 기뻐하면서 상을 내렸다. 다들 무모하다고 했지만 그는 자신이 있었고, 보란 듯이 해냈다. 그리고 그 일로 인해 왜 통사로서의 입지를 굳혔다. 하지만 나빴던 기억도 있었다. 5년 전, 왜인들이 대장경을 달라고 애걸하다가 거절당하자 노략질을 하겠다고 협박한 사건에 연루되어서 죽을 고비를 넘긴 적이 있었다. 왜국 왕이 조선에서 대장경판을 주지 않으면 수천 척의 배를 동원해서 침략하겠다는 소문이 돌자 조정에서 왜 통사들을 잡아다가 심문했던 것이다.

"쳇, 기껏 왜인을 구슬려서 들은 얘기를 해 줬더니 상은 못 줄망정……"

그때 심문을 당하면서 장을 맞은 정강이는 아직도 쑤셨다. 그는 조정에서 이 문제를 덮기로 결정하면서 감옥에서 풀려날 수 있었다. 이런 저런 생각을 하는 사이 아내가 개다리소반을 앞에 갔다 놨다. 한쪽 구석에 놓은 술병을 본 이춘발이 반색을 했다.

"어디서 난 거야?"

"오늘 낮에 사위가 갖다 줬어요."

기분 좋게 술을 마시고 잠자리에 든 이춘발이 깬 것은 인정(人定)[2]을 알리는 종루의 종소리가 울린 직후였다. 거칠게 문을 두드리는 소리에 문간방에서 자던 종 돌동이가 밖에다 대고 물었다.

"이 밤중에 누구슈?"

"왜관 사령이요. 왜 통사를 찾으러 왔소."

왜관이라는 말에 잠이 깬 이춘발이 안방 문을 열고 대청 밖으로 나갔다. 돌동이가 대문의 빗장을 풀자 구군복차림의 왜관 사령이 하인 하나를 데리고 서 있는 게 보였다.

"내가 왜 통사인데 무슨 일이요."

이춘발의 말을 들은 왜관 사령이 안도의 한숨을 쉬었다.

"동평관(東平館)[3]에 있는 왜인들이 자기들끼리 싸우고 있는데 심상치가 않소이다. 얼른 가보셔야겠습니다."

"알겠소. 잠깐만 기다리시오."

한숨을 쉬면서 돌아선 이춘발은 돌동이에게 마구간에서 말을 끌어내라고 지시하고는 안방으로 돌아왔다. 눈치 빠른 아내는 벌써 등

---

2 조선시대 매일 밤 10시에 종루의 종을 28번 쳐서 통행금지를 알렸던 것.
3 조선 전기 한양에 올라온 왜인 사신들이 머물던 숙소로 현재의 인사동에 있었다.

불을 켜고 중치막(中致莫)[4]과 갓을 챙겼다.

"무슨 일이랍니까?"

"왜인들이 또 말썽인 모양이야. 얼른 갔다 올 테니까 잠이나 자고 있구려."

서둘러 중치막을 껴입은 이춘발의 얘기에 아내가 호패를 건네주면서 혀를 찼다.

"조선팔도에 왜 통사가 영감밖에 없답니까? 허구한 날 잠도 못 자게 해요."

"잔소리 그만하고 늦어지면 잠깐 들러서 아침밥 먹고 바로 사역원으로 갈지 모르니까 밥 좀 지어놔."

"알았어요. 밤길 조심하시구려."

갓끈을 매고 미투리를 신은 이춘발은 돌동이가 끌고 나온 말에 올라탔다. 그 사이 왜관 사령도 말에 올라탄 채 기다리고 있었다.

"서두릅시다. 흉악한 놈들이라 무슨 짓을 할지 모릅니다."

"알겠소이다."

왜관 사령의 하인이 횃불을 들고 앞장서고 두 사람이 나란히 말을 타고 갔다. 견평방에 있는 동평관으로 가던 이춘발을 나란히 가던 왜관 사령에게 물었다.

---

4 조선시대 중인들이 입던 겉옷.

"처음 뵌 것 같은데 언제 오셨소?"

"엊그제 왔소이다. 오자마자 이게 뭔 난리인지 모르겠소이다."

퉁명스럽게 내뱉은 왜관사령이 입을 다물자 이춘발도 더 이상 묻지 못했다. 그러는 사이 일행은 한양의 남부와 중부의 경계선인 훈도방의 개천[5]에 이르렀다. 개천을 가로지르는 돌다리를 건너려는데 호롱을 든 순라군이 앞을 가로막았다.

"인정을 알리는 종이 울린 지 언제인데 이렇게 길을 다니십니까?"

"왜 통사 이춘발이다. 동평관에 급한 일이 있어서 그러니 길을 비켜라."

"댁이 왜 통사인지 아닌지 어찌 압니까? 내려서 호패를 보여주시지요."

답답해진 이춘발이 호통을 치려는데 왜관 사령이 말에서 내리면서 말했다.

"호패 보여주고 얼른 갑시다. 여기서 지체할 시간이 없소이다."

할 수 없이 왜관 사령을 따라서 내린 이춘발은 중치막의 넓은 옷소매 안에 넣어둔 호패를 꺼냈다. 순라군이 호롱을 갖다 대고 이춘발의 호패를 확인하는 사이 함께 말에서 내린 왜관 사령이 안장에 찔러두었던 몽둥이를 슬며시 움켜쥐곤 이춘발의 뒤통수를 내리쳤다. 갑자

---

5 오늘날의 청계천

기 얻어맞은 이춘발은 비명도 지르지 못하고 앞으로 쓰러졌다. 그러자 순라군도 손에 쥐고 있던 몽둥이를 들고 쓰러진 이춘발을 내리쳤다. 왜관 사령과 함께 온 하인이 망을 보는 사이 두 사람은 쓰러진 이춘발을 몽둥이로 때리고 발로 짓밟았다. 그러다 망을 보던 하인이 소리쳤다.

"순라군들이 온다."

그러자 이춘발을 짓밟고 때리던 두 사람은 잽싸게 흩어졌다. 망을 보던 하인도 말을 끌고 어둠 속으로 사라졌다. 이상한 소리를 듣고 달려온 순라군들은 개천가의 돌다리 앞에 엎드린 채 피를 흘리고 있던 이춘발을 발견했다. 그 옆에는 가짜 왜관 사령이 버리고 간 피 묻은 몽둥이가 놓여 있었다.

한밤중에 일어난 살인사건

왜 통사 이춘발의 죽음은 즉시 세종대왕에게 보고되었다. 보고를 받은 세종대왕은 다음날 의금부와 형조에게 서로 힘을 합해서 이춘발을 죽인 범인을 잡으라는 지시를 내린다. 그러자 의금부에서는 신고자에게 포상을 하자고 건의한다.

"이춘발을 죽인 범인을 알거나 잡는 자에게는 면포 백 필을 상으로 주고 붙잡힌 자의 재산을 주도록 하소서."

일종의 현상금을 걸자는 제안인데 목격자가 없고, 지문감식도 불가능했던 시대였으니 범인을 찾을 수 있는 거의 유일한 방법이나 다름없었다. 지금도 뺑소니 범인을 찾는 가장 효과적인 방법이 포상금을 건 현수막인 것을 보면, 목격자를 확보하거나 범인에 대한 정보를 확보하는 게 사건을 해결하는 데 얼마나 중요한 일인지 짐작할 수 있다. 한편 보고를 받은 세종대왕은 이것이 단순한 살인사건이 아니라는 사실을 간파했다. 일단 범인들은 교묘한 방법으로 이춘발을 집 밖으로 유인해서 살해했다. 재물이 목적이었다면 이런 방법을 쓸 리 없었다. 거기다 이춘발은 일본어 통역관, 즉 왜 통사였다.

조선이 대마도를 정벌하는 등 강경하게 나오면서 일본은 약탈과 노략질을 포기하는 대신 교역을 선택했다. 조선도 이런 흐름에 발맞춰서 부산포와 내이포, 그리고 염포에 왜관을 설치하고 제한적인 교역을 허락했다. 한양에도 일본에서 온 사절들이 머무는 동평관이라는 숙소가 세워졌다. 동평관 주변은 높은 담장으로 둘러쳐서 외부와의 교류를 막았다. 이런 제한조치를 취한 것은 일본 사절과 조선인들 간의 밀거래를 막기 위해서였다. 하지만 재물은 탐욕을 낳는 법, 일본인과 조선인 간의 은밀한 거래는 계속 이뤄졌다. 그 중계역할을 담당한 것이 바로 왜 통사들이었다. 세종대왕은 이런 비밀을 전부 알고 있지는 않았지만 이런 알력들 때문에 이번 살인이 벌어진 것이라고 어렴풋하게나마 짐작했다. 이춘발이 죽은 지 일주일 후인 4월 1일. 범인이 잡히지 않자 세종대왕은 허조의 건의를 받아들여서 고발자의 신분이 천인이면 양민으로 올려주고, 양민이면 관직을 주겠다고 약속했다. 아울러 상금을 면포 이백 필로 올리고, 공범이 자수하면 죄를 묻지 않겠다는 파격적인 포고령을 내린다. 이런 가운데 죽은 이춘발의 사위가 범인을 지목한다.

"한양에 사는 주련이라는 여자 무당과 그 아들 사자가 장인어른과 사이가 나빴습니다. 그런데 장인어른이 죽은 곳이 주련의 집 앞이고, 말을 모는 노비가 문을 두드리면서 이 사실을 알렸는데도 나와 보지 않았습니다."

이춘발 사위의 고발을 들은 의금부는 당장 주련과 그 아들 사자, 그리고 동생 상이를 체포했다. 임금이 하루빨리 범인을 체포하라고 거듭 지시를 내렸으니 심문이 얼마나 급하게 이뤄졌을지는 상상이 간다. 심문을 받던 상이가 마침내 범행을 고백했다.

"우리 형이 평소에 이춘발을 미워해서 혼을 내줄 기회를 노리다가 이웃 사람인 김소고미와 김매읍동과 힘을 합쳐 죽였습니다."

상이의 자백을 받은 옥관은 현장에 남아 있던 유일한 증거물인 피 묻은 나무 몽둥이로 검증에 나섰다. 옥관이 사자의 집에 가보니 울타리에 박혀 있던 긴 나무들 중 하나가 뽑혀 나간 상태였다. 가지고 온 나무 몽둥이를 뽑혀 나간 곳에 끼워 넣자 꼭 들어맞았다. 길이까지 일치했으니 그곳에서 뽑아온 게 분명했다. 하지만 상이만 자백했을 뿐 주련과 사자, 김소고미와 김매읍동은 장형은 물론 압슬형까지 당했지만 끝끝내 범행을 부인했다. 하지만 물증이 명백했으니 다들 이들이 범인이라는 사실을 의심하지 않았다.

단 한 명만 빼고는 말이다.

세종대왕은 특유의 관찰력과 끈기로 왜 통사 이춘발의 살인사건을 파헤친다.

세심하고 치밀한 성격의 세종대왕은 이들이 범인이라고 이구동성으로 주장하는 대신들의 얘기를 믿지 않았다. 울타리에 박혀 있는 나무는 누구나 손쉽게 뽑아 쓸 수 있었기 때문이다. 거기다 실록에는 별도로 언급되지 않았지만 이때쯤이면 세종대왕은 이춘발을 호출한 왜관 사령이 가짜였다는 점을 확인했을 것이다. 그리고 가짜 왜관 사령이 이춘발을 유인하기 위해 그의 집에 갔을 때 하인이나 다른 가족들과 마주쳤을 게 뻔했다. 세종대왕은 이춘발의 가족이나 하인에게 사자를 비롯해서 범인으로 지목된 이들을 보여주고 아니라는 대답을 들었을 가능성이 높다.[6] 한발 더 나아가서 한밤중에 왜관사령을

---

6 몇 년 후 수구문 밖 초막에 살던 중이 화적들에게 몰매를 맞고 죽는 사건이 발생하자 세종대왕의 지시로 용의자들을 다른 사람들 틈에 섞어서 증인에게 보여준 적이 있었다.

사칭해서 이춘발을 유인한 치밀함으로 볼 때 단순한 보복이 아니라는 점도 간파했을 것이다.

세종대왕은 다른 신고자가 나타나기를 기다렸다. 그리고 기다리던 신고자가 나타났다. 4월 6일, 조선으로 귀화해서 관직을 얻은 변상이라는 왜인이 결정적인 단서를 제공한 것이다.

"왜 통사 홍성부와 김생언이 이춘발과 사이가 나빴습니다. 그가 죽인 게 분명합니다."

의금부에 끌려온 홍성부와 김생언은 처음에는 버텼지만 매에는 장사가 없다고, 결국 범행을 털어놨다. 그리고 더 놀라운 사실들이 밝혀졌다. 같은 왜 통사인 이춘발과 홍성부가 사이가 나빠진 이유는 다름 아닌 밀거래였다. 조선과의 교역이 유일한 생명줄이었던 쓰시마는 규정된 이상의 물품을 가져와서 몰래 처분하거나 사들이곤 했다. 조선 쪽에서도 이들과 거래해서 막대한 이득을 챙기는 사람들이 있었다. 이춘발이 죽은 것도 바로 이런 밀무역을 둘러싼 갈등 끝에 벌어진 일이다.

홍성부는 이춘발을 제거하면 더 많이 이익을 얻을 수 있을 것이라는 생각에 김생언과 함께 살인을 저지른 것이다. 혹은 이춘발이 밀무역을 눈치 채자 홍성부가 살인을 저질렀을 가능성도 높았다. 이들이 왜인들과 주로 거래한 물품은 금과 은 같은 귀금속이나 동이나 철 같은 금속들이었다. 어쨌든 주련과 그의 아들 사자의 짓이라고 믿은 대신들의 주장에 끌려가지 않고 차분하게 범인을 기다린 세종대왕의 판단이 옳았던 셈이다.

　김생언이 처음 공범이라고 자백한 것은 왜인 출신의 노비 보수와 여자 종을 부인으로 둔 간충이었다. 의금부에 끌려온 두 사람 역시 고문을 받았고, 간충이 결국 죄를 털어놨다. 증언이 안 맞는 부분들이 있자 옥관이 그를 데리고 이춘발이 죽은 개천가의 다리에 가서 현장 검증을 했다. 간충이 이춘발이 죽을 당시의 상황과 쓰러진 자세 등을 자세하게 얘기하자 비로소 사건의 실마리가 풀렸다.
　그 와중에 공범으로 지목된 자들이 차례로 체포되었다. 공조의 장인이었던 강용은 살인 혐의로 의금부에 체포되었는데 그의 무리가 60명이라고 언급한 점으로 봐서는 왜인들과 거래하던 물품의 공급책 혹은 하수인들로 보인다. 또 다른 공범이자 현장에 있었던 이득시는 남산으로 도망쳤다. 세종대왕은 의금부와 진무소등에 명하여 도망친 이득시를 찾도록 했다. 한양 밖으로 도망친 이득시는 머리를 깎고 승려 행세를 하면서 돌아다니다 5월 17일 광주에서 노비들에게 붙잡혔다. 관련자들이 모두 체포되면서 이춘발을 죽일 당시의 정황이 밝혀졌다.

　살인을 결심하고 실행에 옮긴 쪽은 김생언이었다. 공범인 이득시와 간충을 이끌고 3월 23일 밤, 이춘발의 집으로 향했다. 개천의 다리 위에서 간충을 남겨놓고 이득시를 데리고 간 그는 왜관 사령이라고 거짓으로 둘러대고 이춘발을 유인했다. 개천의 다리 위에서 순라군으로 변장한 채 기다리고 있던 이득시가 앞을 가로막자 아무것도 모르는 이춘발은 말에서 내렸다. 그 틈을 노려서 함께 온 김생언이 몽둥이로 이춘발의 머리를 강타했고, 이득시도 숨겨둔 몽둥이를 꺼내서 쓰러진 이춘발을 난타했다. 간충은 누가 오는지 망을 봤다. 아마 몇 차례 예행연습을 통해 어떻게 해야 할지 정확하게 일을 나눴을 것이다.

김생언이나 이득시, 간충 모두 직업적인 살인자나 무뢰배들은 아니었다. 그런 그들이 전문 살인자 못지않게 치밀한 준비와 잔인함으로 무장한 채 이춘발을 유인해서 죽이게 한 것은 바로 탐욕, 재물에 대한 끝없는 욕심이었다. 실록에는 나와 있지 않지만 이들은 제법 크고 정교한 밀매조직을 갖춰놨다고 추측된다. 김생언이나 홍성부가 왜인들과 거래를 하고, 이득시와 강룡 같은 장인들은 거래에 필요한 물품들을 빼돌리거나 만들었을 것이다. 이춘발이 이들과 한패였다가 어떤 일로 틀어졌는지 혹은 처음부터 참여를 거부했는지는 알 수 없다. 하지만 걸림돌이 될 것처럼 보이자 참혹하게 살해한 것이다. 홍성부와 김생언을 비롯한 살인자들은 목격자가 없는 한밤중이었으니 완전범죄를 저질렀다고 믿었다.

하지만 그들은 세종대왕의 끈기와 치밀함은 계산에 넣지 못했다.

물론 죄인들을 심문하고 조사한 것은 의금부를 비롯한 관리들이 맡았다. 하지만 처음 주련과 사자 등 용의자들이 잡혔을 때 세종대왕은 이들을 범인이라는 조정 대신들의 주장을 뒤로 한 채 진범을 찾을 것을 지시했다. 직접 현장에 없었지만 오히려 더 통찰력 있게 사건을 꿰뚫어본 셈이다. 세종대왕의 이런 능력은 몇 년 후 수구문 밖 초막에 살던 중이 화적에게 죽었을 때에도 빛을 발했다. 다들 맨 처음 체포된 이들이 범인이라고 말했지만 세종대왕은 이들을 처형하는 대신 조사를 좀 더 진행했다. 그리고 얼마 후 다른 지역에서 진범들이 체포되면서 억울하게 처형당할 뻔했던 백성들이 풀려났다.

조선을 통치한 27명의 임금들 중 유일하게 대왕이라는 칭호가 자연스럽게 붙은 이유는 이렇게 억울한 백성들을 만들지 않기 위한 노력 때문이었다. 진실은 무겁지만 잘 보이지 않는 법이다. 그래서 옆에서 떠드는 사람의 목소리나 매질에 못이긴 거짓 자백 속에서는 결코 찾아낼 수 없는 법이다.

세종대왕처럼 앉아서 범인을 체포한 탐정은?
모스 경감 Inspector Morse 콜린 덱스터 지음

'안락의자 탐정(Armchair Detective)'을 문자 그대로 정의하자면, 사건 현장을 찾아다니지 않고 증거나 정보를 전해 들은 후 그것만으로 추론을 하여 사건을 해결하는 탐정을 말한다. 이런 의미에서 보자면 이리저리 돌아다니는 것을 꺼리지 않는 모스 경감은 안락의자 탐정과 다소 거리가 있긴 하다. 그러나 『옥스퍼드 운하』에서 병원에 입원한 채 심심풀이로 지난 세기에 일어났던 사건의 진상을 밝혀내는 것을 보면 안락의자 탐정으로서의 탁월한 능력 역시 갖추고 있는 것으로 보인다.

모스 경감은 20세기 후반의 현대 영국 추리소설을 대표하는 주인공이라고 해도 과언이 아니다. 1990년 영국 추리작가협회의 '가장 좋아하는 탐정' 설문 조사에서 전설적인 명탐정 셜록 홈즈를 제치고 1위에 올랐다는 기록 하나만으로도 그의 인기를 짐작 가능하다. 옥스퍼드 키들링턴의 템즈밸리 경찰본부CID(범죄수사과)소속의 주임경감인 그는 평균 정도의 키에, 중년을 맞이

해 약간 살이 찌는 모습이 눈에 차츰 드러나는 체격으로, 머리카락 색이 은색으로 변하는 것에 신경을 쓰고 있으나 굳이 모자를 쓰거나 염색하려 하지 않는다. 눈동자 색은 차가운 인상을 주는 파란색이다.

결혼 경력이 없는 독신으로, 가족 또한 없다. 택시 기사인 아버지와 퀘이커 교도 어머니 사이에서 태어났으며 양친은 현재 모두 세상을 떠났으며 노섬벌랜드셔에 사는 글래디스 숙모가 유일한 친척이다. 18세에 영국 육군에 입대하여 통신대 소속으로 18개월 복무 후 제대해 옥스퍼드 대학 세인트존스 칼리지에 입학해 2년간은 열심히 공부하였으나 3학년 때 연애에 빠져 성적이 떨어지고 장학금이 끊어지자 학위 획득에 실패한다. 실의에 빠진 그는 아버지의 권유로 경찰에 들어간다.

업무에 열성적이지만 과학적인 수사보다 자신의 직관을 우선하는 경우가 많다. 그러나 끈질길 정도의 직감이 쌓여 사건이 해결되는 경우가 많으며, 필요 이상으로 복잡한 생각을 할 때도 있다. 예를 들어 단순한 실종사건이라는 보고가 들어오더라도 모스 경감은 살인사건으로 방향을 잡을 정도다. 표준적인 수사를 선호하는 부하 루이스를 당황하게 만들고 가끔 충돌이 일어나

기도 하지만 두 사람의 사이는 깊은 신뢰로 이어져 있다. 루이스가 아무 생각 없이 던지는 한마디가 모스 경감의 상상력을 자극할 때도 많다. 이럴 때 모스 경감은 '루이스! 자네는 천재일세!'라는 최고의 찬사를 던진다.

그의 능력은 이렇듯 대단히 뛰어나지만, 성격을 살펴보면 퉁명스럽고 까다로운 데다가 기분이 손바닥 뒤집듯 자주 바뀌기까지 해서 상사로 모시거나 동료로 지내고 싶다는 생각이 쉽사리 들지 않는 사람이다. 하지만 이런 '불완전한', 그렇지만 결코 악하지 않은 그의 성격은 인간다운 모습을 느끼게 해 주면서 오히려 독자들의 사랑을 받게 하는 요인이 되었다.

모스의 취미는 십자말풀이인 크로스워드 퍼즐을 푸는 것이며, 머리가 복잡할 때는 바그너 음악을 즐겨 듣는다. 그리고 술을 좋아하여 업무시간 중인 점심식사 때도 술집에 갈 때가 적지 않다. 또한 스트립쇼를 하는 바에 가는가 하면, 아름다운 여성에 쉽사리 매혹되는 성격이다. 따라서 미인을 만났을 때는 반드시 호의적으로 대하며 상대 여성 또한 모스 경감의 매력에 빠지는 경우도 종종 있지만 결혼을 할 만큼의 관계까지는 이르지 않는다.

그의 이름은 1975년 '우드스톡으로 가는 마지막 버스'에 처음 등장한 이래 한동안 'E'라는 머리글자로만 표시되어 오다가 20여 년이 지난 1996년 『죽음은 나의 이웃』에서 '인데버'라고 밝혀진다. 이는 그의 아버지가 영웅시하던 탐험가 제임스 쿡이 타던 배의 이름인 '인데버 호(HMS Endeavour)'에서 유래한 것이다. 1998년 8월 옥스퍼드 시의 존 래드클리프 병원에서 심근경색으로 세상을 떠났다. 그가 등장하는 작품은 우리나라에 여러 편 번역되었음에도 불구하고 이상할 정도로 독자들에게 별다른 반응을 얻지 못해서 아쉬울 따름이다.

2. 권력의 중심에 칼을 겨누다
이휘

세조 1년 (1455년), 12월 16일

　의금부 관리들과 함께 막비의 집으로 들이닥친 동부승지 이휘는 불안해하는 하인들에게 소리쳤다.
　"안채가 어디 있느냐?"
　질문을 받은 청지기는 이휘의 물음에 손사래를 쳤다.
　"아녀자가 거하는 곳입니다요. 소인도 함부로 들어갈 수 없는 곳인데 어찌 그곳에 발길을 들이려 하십니까?"
　"시끄럽다! 너도 귀가 있다면 반송정 밑에서 시체가 발견되었다는 얘기를 들었을 터, 주상전하께서 내게 이 사건을 조사하라는 어명을 내리셨다."

어명이라는 말에 청지기는 바닥에 납작 엎드렸다. 이휘는 관리들에게 집안을 샅샅이 살펴보라고 이른 후에 안채로 향했다. 작은 쪽문을 지나쳐 안으로 들어서자 좁은 정원을 낀 안채가 보였다. 뜰은 깨끗하게 쓸렸지만 기와지붕에는 며칠 전 내린 눈이 아직 쌓여 있었다. 주인인 막비가 며칠 전부터 의금부에 갇혀 있던 탓인지 안채는 고요했다. 안채 주변을 살피던 이휘의 눈길은 안방과 문간방 사이에 있는 큼지막한 외청의 벽에 멈췄다. 가죽신을 벗고 외청에 오른 이휘는 새로 종이가 발라진 벽을 뚫어지게 쳐다봤다. 하얀 종이에는 쌀알 같은 무늬가 점점이 퍼져 있었다. 이휘는 뒤따라 들어온 청지기에게 물었다.

"여기 뭐가 묻은 것이냐?"

"주인마님께서 외풍이 심하다고 급히 바르라고 하셨습니다."

청지기의 변명에 이휘가 코웃음을 쳤다.

"집안을 살펴보니 깔끔하게 정리되어 있더구나. 그런데 유독 저기만 저리 허술하게 했다는 게 말이 되느냐? 뜯어보아라."

이휘의 서슬 퍼런 명령에 청지기가 하인들을 시켜서 외청의 벽에 붙은 종이를 뜯어냈다. 뜯긴 종이 뒷면과 벽에는 검은 얼룩이 묻어 있었다. 시신을 검시하는 의금부의 오작사령이 종이와 벽에 묻은 얼룩을 보더니 이휘에게 슬쩍 속삭였다.

"혈흔이 분명합니다. 종이로 덮은 곳 말고도 기둥에도 뭔가를 닦아낸 흔적이 있는데 역시 피인 것 같습니다."

오작사령의 얘기를 들은 이휘는 바닥을 내려다보면서 말했다.

"벽과 기둥에 묻을 정도였다면 바닥에도 흘렸겠군. 가서 등불을 몇 개 가져오게."

지시를 받은 오작사령이 밖으로 나가자 이휘는 안방의 장지문을 열었다. 여성 특유의 향냄새가 풍겨왔다. 방으로 들어간 이휘는 나비와 꽃이 그려진 병풍 뒤를 살펴보고 문갑과 화장대를 열어봤다. 그러다 솜으로 안을 채운 비단방석 아래서 털신을 한 짝 찾아냈다.

"이건……"

아까 의금부에서 검시한 시신이 신고 있던 털신을 떠올린 이휘가 중얼거렸다. 그 사이 오작사령이 등불을 몇 개 가져왔다. 밖으로 나간 이휘는 섬돌 아래 서서 외청 아래를 가리켰다.

"비춰보아라."

엉거주춤 주저앉은 오작사령이 외청 아래로 등불을 들이밀었다. 그의 예상대로 바닥의 흙이 군데군데 깎여나갔고, 모래가 뿌려져 있었다. 눈치 빠른 오작사령이 가지고 있던 육모방망이로 모래를 살살 걷어내자 검붉은 얼룩이 불빛 아래 드러났다. 허리를 편 이휘가 불안한 표정으로 지켜보고 있던 청지기에게 물었다.

"이것이 무슨 피냐?"

"그, 그게 말을 치료하다가 흘린 겁니다."

"말? 아까 보아하니 집안에 마구간이 없던데 말이다."

이휘의 날카로운 질문에 청지기는 우물쭈물하며 대답을 못했다. 뒷짐을 진 이휘는 외청과 안방을 쳐다보면서 살인이 벌어지는 순간을 상상해 봤다. 성큼 성큼 안채로 들어온 살인자가 안방의 장지문을 왈칵 열자 막비와 함께 있던 이석산이 깜짝 놀란 표정을 지었다. 살인자는 이석산의 상투를 잡고 외청으로 끌고나왔다. 무릎을 꿇은 이석산이 두 손을 싹싹 빌면서 용서를 구하지만 살인자는 손에 들고 있던 흉기로 이석산을 난도질했다. 그러고도 분이 풀리지 않은 살인자는 이석산의 눈을 파내고, 생식기까지 잘라버렸다. 그 일이 벌어지는 동안 벽과 기둥에는 피가 튀었고, 흘러나온 피는 외청의 마루 틈새로 뚝뚝 떨어져서 흙에 스며들었다. 살인이 끝나고 집안의 하인들은 벽과 기둥에 튄 피를 닦아냈다. 외청의 바닥에 떨어진 피 역시 긁어내고 모래로 덮었다.

"나리. 잠깐 나와 보시죠."

이휘의 상상은 안채와 통하는 쪽문으로 목을 쑥 내민 의금부 나장(羅將)[7]의 말에 의해 깨져나갔다. 뜰로 나온 이휘는 나장들이 집안을 뒤져서 찾아낸 작은 철창을 봤다. 창을 들어서 창날을 살핀 이휘는 이석산의 시신에 난 상처들을 떠올리며 중얼거렸다.

"상처가 모두 원형이었지. 창대에 눌린 것처럼 말이야."

---

[7] 의금부등에 속한 하급관리로 죄인을 문초하거나 잡아들이는 일을 맡았다.

함께 온 의금부 관리들에게 창과 털신을 챙기라고 지시한 이휘는 서둘러 의금부로 향했다. 지금쯤 죽은 이석산의 가족들이 도착했을 것이다. 그들에게 반송정 아래에서 발견한 시신이 이석산이 맞는지 확인시킬 생각이었다. 그리고 이석산이 신고 있던 것과 막비의 집에서 찾아낸 털신의 짝이 맞는다면 살해된 현장 역시 찾아낸 셈이었다. 거기다 시신의 몸에 난 상처와 압수한 창날의 크기까지 들어맞는다면 살인자를 밝혀내는 것도 어렵지 않았다. 문제는 그가 짐작한 살인자였다. 임금의 곁에 있던 그를 몇 번 본적이 있던 이휘는 불안감을 떨쳐버릴 수 없었다.

권력형 범죄에 맞서 싸우다

그는 원래 권력의 편이었다. 1435년 과거에 합격하고, 1442년 사간원의 정6품 벼슬인 우정언에 임명되었다. 우정언에 임명된 후 사헌부 장령인 이사철과 짝을 이뤄서 세종의 지나친 불교사랑에 제동을 걸었다. 세종이 승하하고 문종 역시 잇달아 세상을 떠나자 왕위는 열두 살의 단종에게 돌아갔다. 그러자 왕위를 탐내던 단종의 숙부 수양대군은 1453년, 한명회를 비롯한 측근들을 동원해서 김종서와 황

보인 등 고명대신들을 제거했다. 성공했기 때문에 '계유정난'이라는 이름이 붙은 정변이 끝나고, 이휘는 수양대군의 측근이 되었다. 그리고 1455년, 단종이 쫓겨나고 세조가 즉위하면서 공신 3등에 책봉되었다. 뒤이어 오늘날의 비서실에 해당되는 승정원의 정3품 동부승지에 임명되었다. 비록 승정원의 최말단 승지였지만 권력의 핵심에 한발 다가선 것이다. 그리고 그의 운명을 바꿀 살인사건이 벌어졌다.

세조가 즉위한 다음 해인 1455년 12월 12일, 허름한 차림의 하인 한 명이 육조거리에 있는 형조를 찾아왔다. 주인 이석산이 신간이라는 친구와 함께 놀러 나갔다가 며칠째 돌아오지 않아서 신고하러 온 것이다. 신고를 접수한 형조의 관리는 이석산과 함께 놀러나간 신간을 잡아들였다. 형조의 관리에게 이석산의 행방을 추궁당한 신간은 모른다고 대답했다. 하지만 이석산이 민발의 첩 막비와 그렇고 그런 사이라는 의미심장한 얘기를 털어놨다. 형조의 보고를 받은 세조는 신간과 막비를 의금부에서 국문하라고 일렀다.

12월 16일, 실종된 이석산의 시신이 돈의문 서북쪽 모화관 근처의 반송정이라는 정자 밑에서 발견되었다. 시신은 온몸이 칼로 난자되어 있었고, 눈이 뽑혔으며, 생식기도 잘린 상태였다. 실종된 이석산이 참혹한 시신으로 발견되자 의금부는 현상금을 걸고 범인을 잡으려 했다. DNA검사나 CCTV확인이 불가능한 조선 시대에 가장 확실한 범인 체포 방식은 역시 목격자의 증언이었다. 세조는 현상금을 걸자는 의금부의 요청을 승낙했지만 잠시 후 딴지를 걸었다.

"사람이 죽으면 얼굴빛이 달라진다는데 반송정 밑에서 발견된 시신이 이석산이라고 어찌 확신하느냐?"

세조는 이 사건에 대한 조사를 동부승지인 이휘에게 맡겼다. 본래대로라면 형조의 업무를 담당하는 우부승지의 일이지만 공부의 업무를 맡고 있는 동부승지인 그에게 임무가 떨어진 것이다. 어쩌면 그의 능력을 높이 산 세조의 지시였을지도 모른다. 하지만 이휘는 맡은 임무를 지나치리만치 철저하게 수행했다. 세조의 지시를 받은 이휘는 의금부에 가서 이석산의 시신을 검시했다.

이미 한 차례 검시한 시신을 재차 검시한 것을 복검이라고 하는데 조선시대에는 타살된 시신은 기본적으로 세 차례까지 검시했으며 그러고도 의문점이 남으면 다시 검시를 실시했다. 타살된 시신은 원나라 때 만들어진 법의학서적인 무원록에 각주를 덧붙인 『신주무원록』에 따라 엄격하게 조사되었다. 이렇게 검시한 결과는 세종 때 만들어진 보고서 양식인 검시장식(檢屍狀式)[8]에 기재되었다. 의금부 관리들과 함께 시신을 검시한 이휘는 그 참혹함에 혀를 내둘렀다. 시신의

---

[8] 조선시대 살인사건이 벌어졌을 때 시신을 살펴본 의원의 검시 보고서.

상태는 의금부에서 보고한 대로 참혹했다. 더불어 몸은 예리한 흉기로 난자당한 상태였다.

이휘는 상처를 꼼꼼하게 살폈다.『신주무원록』에는 흉기에 의해 사망한 시신은 찔린 상처의 크기와 숫자를 조사하고 어느 상처가 치명상인지 밝혀내라고 적혀 있다. 또한 살아있을 때 찔렸는지 혹은 숨이 끊어진 이후에 난 상처인지도 밝혀야 했다.『신주무원록』에 의하면 살아있을 때 찔린 상처는 주변부가 오그라들고 혈흔이 사방에 맺혔다. 반면 죽은 이후에 난 찔린 상처는 주변부의 변화가 없고, 피도 흐르지 않는다고 나와 있다. 이휘는 시신이 심하게 훼손되고 흉기에 난자당했으니 원한에 의한 살인이 명백하다고 판단했다. 몸에 난 상처는 창에 찔려서 생긴 것임을 알아냈다. 실록에는 이휘가 어떻게 이석산의 몸에 난 상처가 창에 의한 것인지 밝히지 않았지만『신주무원록』을 참고했음이 분명하다.『신주무원록』에는 칼날에 의한 상처를 자세하게 분류했다. 도끼에 찍힌 상처는 바깥쪽이 넓고, 안쪽은 좁으며, 칼날에 의한 상처는 얕으면 좁았고, 깊으면 넓었다. 마지막으로 창에 찔린 상처는 얕으면 좁았고, 깊이 찔렸으면 자루가 파고들면서 원형의 상처가 남았다고 쓰여 있다.

이휘는 이석산의 몸에 난 상처가 창에 의한 것이라는 사실을 알고 나서 곧장 막비의 집을 수색했다. 조선전기의 군사제도는 오늘날의 징병제와 유사한 형태였다. 양반을 포함한 백성들은 직접 군인이 되는 정군이 되거나 정군을 보조하는 봉족이 되었다. 징집병 격인 정군은 무장을 스스로 갖춰야했기 때문에 일반 가정에도 활과 칼을 비롯한 무기들이 있었다. 하지만 휴대하기 불편하고, 보관도 어려운 창은 백성들이 가지고 다니지 않았다. 분명 집안에 창을 놔둘 만큼 여유가 있거나 무관 출신의 소행이 분명하다고 추정한 이휘는 곧장 용의자인 민발의 첩 막비의 집으로 향했다. 그리고 외청의 벽에 피가 묻은 흔적을 발견했다. 물론 피를 닦아내고 그 위에 종이를 발라서 흔적을 지우려고 했지만 워낙 많이 묻은 탓인지 완벽하게 감추는 데 실패했다. 벽을 살펴보던 이휘는 마루 아래쪽을 조사했다. 벽에 피가 튈 정도였다면 바닥에 스며든 피가 아래쪽으로 흘러내렸을 것이라고 짐작했다. 그의 예측대로 마루 아래쪽은 흙이 깎여나가고 모래로 덮여 있었다. 모래를 걷어내자 피가 떨어진 흔적이 보였다. 무슨 피냐는 이휘의 물음에 집안사람의 대답은 옹색했다.

"말을 치료하다가 흘린 피입니다."

이휘는 그 대답을 믿지 않고 집안을 계속 수색했다. 그러다 흉기로 짐작되는 창을 찾았다. 방석 밑에 있던 신발 한 짝도 찾아서 수거했다. 현장을 둘러보고 증거품을 수거한 이휘는 의금부로 돌아왔다. 먼저 막비의 집에서 찾은 창을 이석산의 시신에 난 상처와 대조했다. 창과 상처는 꼭 들어맞았다. 방석 밑에서 찾은 신발 역시 이석산이 죽을 당시 신었던 신발이었다. 마지막으로 이석산의 어머니와 유모,

친구인 신간을 불러다가 이석산의 시신임을 확인할 만한 상처나 특징이 있는지 물었다. 그러자 어머니는 발뒤꿈치에 검붉은 흔적이 있고, 어릴 때 열병을 앓아서 머리털이 없다고 대답했다.

시신을 검시했던 이휘는 피살자가 이석산이라고 확신했다. 철저한 현장조사를 통해 그가 죽은 장소가 바로 막비의 집이라는 사실을 밝혀냈다. 그를 살해할 때 사용된 흉기인 창도 찾아내는 성과를 올렸다. 조사를 마치고 경복궁으로 돌아온 이휘는 세조에게 시신의 참혹한 상처나 막비의 집에서 찾아낸 증거들을 토대로 범인을 지목했다. 그가 지목한 범인은 다름 아닌 막비의 남편 민발이었다. 이석산이 막비와 간통하고 있는 것을 알고는 손을 쓴 것이 분명하다고 덧붙였다. 민발은 이석산이 실종된 순간부터 유력한 용의자이긴 했지만 증거가 없는 상태였다.

하지만 이휘는 남다른 통찰력과 꼼꼼한 조사를 통해 그가 범인이라고 확신한 것이다. 이석산은 평소에 민발의 첩인 막비와 불륜관계였으며, 이 날도 친구인 신간과 놀러 간다는 핑계로 집을 나가서 막비를 만나러 간 것이다. 하지만 둘의 관계를 민발에게 들키고 말았고, 막비의 집에서 살해당한 것이다. 함께 놀러 간 친구 이석산이 어디로 갔느냐는 질문에 신간이 막비와 그렇고 그런 관계라는 다소 엉뚱한 얘기를 한 것도 민발을 염두에 둔 것이 분명했다. 친구인 신간이 알고 있던 둘 사이의 관계가 그녀를 첩으로 둔 민발의 귀에 들어가는

데는 분명 오랜 시간이 걸리지 않았을 것이다.

　용의자로 지목된 민발은 탄탄대로를 걸어온 이휘와는 정반대의 길을 걸어온 인물이다. 그가 실록에 처음 등장한 것은 세종 때의 한 사건 때문이었다. 이조 정랑 이영서가 소향비라는 기생의 집에 찾아간 것이 문제의 시작이었다. 관리가 기생을 찾아간 것이야 흔한 일이었지만 문제는 소향비라는 기생에게는 정7품의 사정 벼슬을 하고 있던 민서라는 남편이 있었다. 정확하게는 머리를 얹어준 사이지만 사회 통념상 이런 경우는 다른 남자는 그 기생과 관계를 맺지 않았다. 이영서가 이 사실을 알고 있었는지 아니면 소향비가 속였는지는 알 수 없지만 남편 격인 민서는 이 소식을 듣고 크게 화를 내면서 불륜 현장으로 쳐들어갔다. 정5품의 무관직인 사직으로 있던 민발은 형인 민서와 함께 현장을 덮쳤다. 민서는 이영서에게 칼을 겨누고 죽지 않을 만큼 두들겨 팼다. 그러고는 옷을 벗기고 머리털을 모두 밀어버린 다음 꽁꽁 묶어서 형조로 끌고 갔다.
　이조정랑은 정5품의 관직이었지만 훗날 그 자리를 놓고 동서 분당이 시작되었을 만큼 요직이었다. 형조에서는 소향비를 가두고 이영서는 곧장 석방했다. 들것에 실려서 집으로 돌아간 이영서는 다음날 하인을 시켜서 고소장을 제출했다. 하급 무관이 상급자인 문관을 두들겨 패고 모욕을 준 사건은 조정에 큰 충격을 주었다.

조정의 요직을 차지한 문관들은 민서에게 오히려 죄를 뒤집어씌웠다. 이영서는 술에 취해서 잘못 들어갔다는 면죄부가 주어졌고, 민서에게는 별안간 누이와 어머니를 두들겨 팬 천하의 불효자라는 죄목이 덮어 씌워졌다. 피해자인 누이와 어머니는 극구 무죄를 주장했지만 결국 민서는 압록강 근처에 있는 여연군의 군졸로 보내졌다. 형의 행동에 가담한 민발은 별다른 처벌을 받지는 않았지만 아마 관직에서는 쫓겨났을 것이다.

이렇게 위기에 처하지만 바로 통쾌한 인생역전에 성공한다. 수양대군의 휘하에 들어가서 계유정난에 가담한 것이다. 행동대원격으로 활약한 민발은 곧바로 종3품 무관직인 대호군에 임명된다. 그 후 세조가 즉위하면서 나는 새도 떨어뜨리는 권력가가 된 것이다. 이휘가 그런 민발을 범인으로 지목한 것이다. 세조는 이휘의 주장을 받아들여서 민발을 일단 가뒀다가 공신을 의심만으로 함부로 가둘 수 없다며 풀어줬다. 하지만 석방명령을 내리면서도 내심 찜찜했는지 승정원에 다음과 같이 물었다.

"만약 민발의 죄가 확실하다면 원종공신인 그를 어떤 죄로 다스려야 할 것이냐?"

승정원에서는 민발이 비록 공신이지만 이석산 역시 공신의 자손이므로 죄를 감할 수 없다고 답변했다. 세조가 원한 대답은 아니었다. 눈치 빠른 세조는 이휘의 보고를 받자마자, 아니 조사를 명령한 시점에 이미 민발이 범인임을 알았을 것이다. 하지만 쿠데타로 집권한 그는 공신이라는 방패막이가 절대적으로 필요했다. 세조는 눈에 보이는 명백한 결과물을 거부하고 새로운 범인을 찾아내라고 닦달했다. 이 사실을 기록한 사관은 민발이 범인임이 명백하지만 세조만 그 사실을 외면한다고 한탄했다. 세조는 그것만으로는 부족하다고 느꼈는지 12월 27일에는 민발을 원종공신 1등에 책봉시켰다. 건드리지 말라는 신호를 보낸 셈이다.

하지만 이휘는 세조의 신호를 무시했다. 다음해인 1456년 1월 12일 경복궁의 편전인 사정전에서 아침 회의가 끝나고 술자리가 펼쳐졌다. 이 자리에 참석한 이휘는 민발이 이석산의 살인범이 분명하니 처벌해야 한다고 주장했다. 하지만 세조는 짐짓 딴청을 부리면서 다른 대신들의 의견을 물었다. 대신들은 대체로 민발이 의심스러우니 조사를 해야 한다고 얘기했다. 세조는 술잔을 돌리고 대신들에게 춤을 추게 했다. 이휘의 의견을 깔끔하게 무시한 것이다. 하지만 이휘 역시 물러서지 않았다. 사흘 후인 14일에 같은 자리에서 이휘는 또다시 민발을 처벌할 것을 주장했다. 그러자 세조는 본색을 드러냈다.

"지금 온 나라 사람들이 민발을 범인이라고 지목한 것은 바로 너로부터 시작된 것이다. 큰 옥사도 신중해야 하거늘 어찌 일방적으로 민발에게 죄를 줄 것을 청하느냐? 짐이 마땅히 너에게 벌을 줄 것이다."

호통을 친 세조는 이휘를 동부승지에서 파직시켜버렸다. 그리고 다음 달에 보란 듯이 민발을 데리고 모화관으로 나가서 활쏘기를 하고 술자리를 베풀었다.

물론 세조의 얘기대로 이석산을 죽인 범인이 민발이라는 추정은 무리일 수 있다. 하지만 이석산이 살해된 현장이 막비의 집안이라는 사실은 명백하다. 더군다나 막비와 하인들을 제대로 심문했다는 기록이 없는 것으로 봐서는 세조가 조사 자체를 막아버렸을 가능성이 높다. 권력이 부당하게 범죄를 감춰버린 것이다. 조선은 비록 임금이 통치하는 왕정국가이긴 했지만, 『경국대전』이라는 법률이 존재하는 법치국가이기도 했다. 임금을 제외한 모든 사람들은 이 법에서 자유로울 수 없었다. 짐승 취급을 받는 노비를 죽이면 아무리 양반이라고 해도 형식적으로나마 처벌을 받아야만 했다.

하물며 버젓한 양반인 이석산이 참혹하게 살해당했고 살해된 현장과 흉기가 발견되었음에도 불구하고 임금의 고집 때문에 제대로 조사하지도 않았고, 처벌받지도 않은 것이다. 시신을 직접 살펴보고 현장을 조사했던 이휘로서는 납득하기 어려웠을 것이다. 사건을 조사한 이휘를 파직시킨 세조는 한술 더 떠서 억울한 피해자가 나올 수 있으니 관련자들을 더 이상 조사하지 말라는 명령을 내린다.

우습게도 몇 달 후인 4월 20일에 민발은 명나라 사신의 하마연에 참석했다가 술에 취한 채 종친에게 행패를 부렸다는 죄목으로 처벌을 받는다. 민발이 잘못을 뉘우치지 않고 버티자 분노한 세조는 그를 감옥에 가두면서 이렇게 말했다.

"네가 이석산을 죽여서 온 나라 사람들이 너를 벌할 것을 주장했지만 내가 허락하지 않았다. 그런데 뉘우치지 않으니 마땅히 목을 쳐야겠다."

세조 역시 이석산을 죽인 범인이 민발이라고 확신한 것이다. 하지만 권력이라는 냉혹한 법칙이 처벌을 막은 셈이다. 살인죄 대신 불경죄로 처벌받은 민발은 관리 임명장인 고신을 회수당하고 유배형에 처했지만 금방 복귀한다. 그리고 전과 다름없이 세조의 측근으로 활약한다. 그 사이 동부승지에서 파직당하고 감옥에 갇혔던 이휘는 한 달쯤 후에 공조 참의로 복직한다.

하지만 권력의 부당함을 몸소 깨달았던 탓일까? 이휘는 정의를 실현하기로 결심한다. 단종 복위 운동에 가담한 것이다. 이휘가 공조참의로 복귀한 지 넉 달쯤 후인 6월 2일, 정창손과 김질이 세조에게 단종의 복위 음모를 고한다. 좌부승지로 있는 성삼문을 주축으로 한 집현전 출신의 문신들이 음모를 꾸미고 있다는 보고를 받은 세조는 당장 군사들을 집결시키고 승지들을 불러들였다. 다른 승지들과 함께 세조 앞에 온 성삼문은 곧바로 체포당했고, 뒤이어 박팽년과 하위지, 이개 등도 잡혀왔다. 그 유명한 사육신이 탄생한 순간이다.

이휘 역시 가담자의 명단에 들어 있었다. 이석산 살인사건과는 반대로 이 사건에 대한 조사와 처벌은 신속하게 이뤄졌다. 6월 8일 사육신의 처형이 이뤄졌고, 이휘는 한 달쯤 후인 7월 12일 죽음을 맞이했다. 반역자로 죽은 그의 재산은 모두 몰수되었고, 아내 열비는 공신인 이계전에게 주어졌다. 죄와 벌, 정의와 불의가 자리를 맞바꾼 셈이다. 민발은 그 후로도 오랫동안 세조의 측근으로 있으면서 부귀영화를 누렸다. 세조가 죽고 예종이 즉위하면서 형인 민서가 남이의 옥사(獄事)에 연루되어 처형당하면서 위기가 찾아온다. 민발 역시 공신명단에서 제외되고 충주로 귀양을 떠난 것이다. 하지만 그의 귀양살이는 한 해 만에 끝났다. 한양으로 돌아온 그는 여산군에 봉해졌다. 그 후 조용히 살던 민발은 성종 13년인 1482년, 64세의 나이로 세상을 떠났다.

권력에 맞서 진실을 밝혀냈던 탐정은?
다아시 경 Lord Darcy 랜덜 개릿 지음

현대인들이 생각하기엔 어이없는 일이지만 오래전 신분 격차가 엄격하던 시절에는 평민이 귀족의 그림자를 밟는 일조차 범죄 취급을 받았다. 임금이나 황제가 신과 동격으로 대접받았으며 어떠한 법적 제재도 받지 않았다. 그렇다면 귀족이나 왕족 사이에서 범죄가 벌어진다면 누가 그것을 수사할 것인가? 당연히 수사관도 귀족이어야 할 것이다. 그런 임무를 맡을 적절한 인물이 바로 다아시 경이다. '경(卿)'이라는 호칭은 아버지에게서 이어받은 것으로, 다아시 경은 남작 이상의 작위를 가지고 있는 세습 귀족이지만, 그의 정확한 가계라든지 사생활에 관해서는 작품에서 거의 언급되지 않는다.

그런데 그가 활동하는 시기는 현실과는 사뭇 다른 세계, 과학 대신 마술이 지배하는, 우리가 아는 세계와는 다른 20세기이다. '마술'이라고 하면 유명 마술사의 마술쇼를 먼저 떠올릴 것이고 그 다음으로는 진짜 마술, 즉 뭔가 신비한 일을 마술사가 실현

시키는 것을 상상할 것이다. 다만 전자의 마술 쇼는 '트릭'에 의한 것이지만 후자는 현대과학으로는 설명할 수 없는 초자연적인 현상이기 때문에 현실에 존재하지 않을 것으로 모두가 생각한다. 그러므로 '리얼리티'와 '페어플레이'를 중시하는 추리소설에서, 초현실적인 마술은 금기나 마찬가지이다.

예를 들어 어떤 살인사건이 벌어졌을 때, 탐정이 지구 반대편에 있는 범인이 마술로 피해자를 죽였다고 수사결과를 발표한다면 독자들은 말도 안 되는 해결책이라고 비난할 것이다. 그리고 알리바이와 트릭으로 구성된 추리소설들의 중요한 규칙을 훼손했다고 항의할 것이다. 과연 이러한 설정은 구제불능일까? 아직 일말의 여지가 있다. 작가가 독자들이 모두 납득할 수 있는 합리적인 설정을 제시한다면 초자연적이고 신비한 마법도 추리소설을 구성하는 요소가 될 수 있다. 이러한 설정이 합리적이라고 인정되는 기발한 세계관을 배경으로 삼은 랜덜 개럿의 작품이 여기에 해당한다.

12세기에 리처드 1세가 세운 영불제국은 800여 년을 이어오며 유럽을 제패했으며, 과학 기술은 가스등과 증기기관차 등 19세기 수준에 불과하지만 과학적 마술이 일상화된 세계다. 즉 마술이 무대에서 보여주는 쇼가 아니라 응용기술로서 현실에 적용되는 세상인 것이다. 이러한 시대의 런던을 배경으로 귀족인 다아시 경은 마술 때문에 수수께끼처럼 여겨지는 사건의 수사에 나선다. 과학수사 기술이 아닌 마술을 이용해서 말이다. 다아시 경은 제국의 통치자인 헨리 4세의 동생 리처드 공작이 통치하는 프랑스 노르망디의 주임수사관으로, 그의 동료인 법정 마술사 마스터 숀 오클란과 함께 언뜻 봐서는 불가능해 보이는 범죄를 해결해 나간다.

물론 그는 수사 과정에서 마스터 숀의 마술 실력에 도움을 받지만 마술이 만능은 아니다. 마술이 지배하는 세상임에도 불구하고 단번에 범인을 찾아내는 마술 같은 것은 존재하진 않기 때문이다. 그러한 마술 실력보다 더욱 위력적인 수사 도구는 그의 직관과 추리력이다. 범죄자들도 마술을 쓸 수 있기 때문에 밀실살인, 새파랗게 변해버린 시체 등 기이한 사건이 벌어진 범죄 현장은 수수께끼에 덮여 있고 실마리는 찾아볼 수 없다. 가끔은 무고한 사람을 범인으로 만들 수 있을 정도의 속임수마저 남아 있다. 그러나 다아시 경과 마스터 숀은 마치 셜록 홈즈와 왓슨처럼 척척 손발을 맞춰 이처럼 기이하고도 비현실적인 사건을 해결한다. 물론 그의 활동은 왕실이나 귀족이 관련된 사건의 수사에만 그치는 것이 아니라 국가를 위협하는 거대한 음모를 파헤치는 데 뛰어난 실력을 발휘한다.

다아시 경은 수사 과정에서 권력에 절대 굴복하지 않고 진실과 정의를 추구한다. 그러는 한편으로는 무고한 사람이나 안타까운 사정을 가진 사람이 명예를 잃지 않도록 융통성을 발휘하는 너그러움도 보여준다.

3. 법 위의 권력을 처단하다
박처륜

성종 9년 (1478년), 1월 10일

 남자 종들에게 붙들려온 여인은 체념한 표정을 지었다. 그런 모습이 남자를 더 화나게 만들었다. 대청에 선 남자는 펄펄 뛰면서 소리쳤다.
 "저년을 매달아라!"
 그러자 건장한 종이 그녀의 목에 새끼줄을 걸어서 대들보에 매달았다. 여인이 고통스러운 표정으로 발버둥을 쳤지만 남자는 냉혹한 표정을 거두지 않았다.
 "안방에 있는 환도를 가져오너라!"
 다른 종이 환도를 바치자 남자는 칼을 뽑았다. 차가운 칼날을 본

종들이 흠칫 몸을 떨었다. 남자는 환도를 가져온 종에게 칼을 내밀었다.

"저년을 찔러 죽여라!"

머뭇거리던 종은 남자의 거듭된 호통과 재촉에 못 이겨 환도를 움켜쥐고 여인의 앞에 섰다. 얼굴이 하얗게 변한 여인은 두 손으로 목에 걸린 새끼줄을 잡은 채 버둥거리는 중이었다. 고통스러워하는 여인 앞에 선 종의 귀에 남자의 호통소리가 들렸다.

"어서 죽이지 않고 뭐하느냐!"

남자의 재촉에 종은 환도로 여인의 목을 힘껏 찔렀다. 너무 힘을 쓴 탓인지 여인이 매달린 뒤쪽 벽에 칼날이 닿으면서 긁힌 자국이 생겼다. 환도에 찔린 여인이 축 늘어지자 종은 고개를 돌려서 남자를 쳐다봤다. 성큼성큼 다가온 남자는 환도를 뺏어 들고 여인의 얼굴과 목을 난도질했다. 사방으로 피가 튀면서 뜰에 서서 지켜보고 있던 종들의 얼굴과 몸에도 피가 튀었다. 분에 못이긴 남자는 환도로 여인의 목을 매달았던 새끼줄을 끊어버렸다. 죽은 여인의 몸이 섬돌 아래로 떨어지자 남자는 뜰에 서 있던 종들에게 소리쳤다.

"시신을 밖에 버리고 피를 지우거라."

종들은 거적을 가져와서 시신을 둘둘 감싸고 흙으로 핏자국을 덮었다. 대충 시신을 수습하고 핏자국을 치운 종들은 둘러서서 의논을 했다. 그리고 지목된 두 남자 종이 거적에 둘러싸인 시신을 짊어지고 쪽문을 통해 밖으로 나왔다. 추운 겨울밤에 거센 바람까지 불자 사람들은 서둘러 귀가했고, 길거리를 순찰하던 순라군들도 경수소(警守所)9로 들어가서 문을 꼭 닫았다. 인적이 끊긴 길가에 거적으로 둘둘 감싼 시신을 어깨에 짊어진 두 남자 종이 나타났다. 거적의 양 끝에 긴 머리채와 하얀 발이 삐져나왔다.

  행인이나 순라군들을 피해 좁은 골목길을 전전하던 두 종들은 잠깐 서서 얘기를 나누더니 곧 돈의문 쪽 성벽으로 올라갔다. 원래대로라면 군졸들이 있어야 했지만, 추위를 피하러 내려갔는지 아무도 없었다. 성벽 위에 올라간 두 남자 종들은 거적을 내려놓고 잠시 숨을 골랐다. 그러고는 거적의 양끝을 붙잡고 다시 걸음을 옮겼다. 그러다 적당한 곳을 골랐는지 발걸음을 멈추고는 거적의 양끝을 잡아서 앞뒤로 흔들다가 성벽 바깥으로 힘껏 던졌다. 허공에 던져진 거적 속에 빠져나온 여인 시신이 땅에 떨어지는 소리가 밤하늘에 울려 퍼졌지만, 밤이 깊은 탓이었는지 아무도 나와 보지 않았다. 시신을 던져버린 두 남자 종들은 홀가분한 표정으로 성벽을 내려갔다. 밤이 깊었고, 서두른 탓에 시신이 내던져질 때 머리카락이 성벽의 틈새에 끼어버린 것을 눈치채지 못했다.

---

9 조선시대 한양을 순찰하는 순라군들의 근거지로 오늘날의 파출소에 해당한다. 복처라고도 불렸다.

폭풍우가 그친 다음날은 화창했다. 돈의문이 열리고, 행인들의 발걸음이 잦아지면서 시신은 곧 사람들의 눈에 띄었다. 치마저고리차림에 헝클어진 긴 머리채를 하고 있는 것으로 봐서는 젊은 여인의 시신이 분명했다. 하지만 대부분의 행인들은 못 본 척 지나가버렸다. 관청에 신고해 봤자 귀찮게 불려다니거나 심하면 용의자로 몰릴 수도 있다는 사실을 알고 있었기 때문이다. 오가는 사람들의 무관심 속에 버려진 시신은 결국 물을 길러 나갔다가 돌아오던 근처 양반집 하인의 눈에 띄었다. 돌아온 하인에게 시신이 버려져 있다는 소식을 들은 양반은 몸소 보러나갔다. 추위를 피하기 위해 머리에는 방한모인 휘항(揮項)을 쓰고, 몸에는 털로 만든 갓옷을 걸친 양반은 하인을 따라서 시신이 있는 곳으로 왔다. 그리고 혀를 차며 말했다.

"어떤 놈이 감히 집 근처에 시신을 버린 것이냐?"

"그러게 말입니다. 어젯밤에 행랑채에서 자던 돌금이가 이상한 소리를 들었다고는 했는데 설마 했습니다."

하인의 설명을 들은 양반이 돌아서면서 말했다.

"청지기 오 서방한테 가마를 준비하라고 이르거라."

"궁에 들어가시게요?"

하인의 반문에 양반이 얼굴을 찡그렸다.

"암, 어떤 놈의 소행인지 모르지만 붙잡아서 혼쭐을 내고 말 것이다. 감히 종친의 집 근처에 시신을 버리다니, 고얀 놈 같으니라고."

그 여자가 죽은 이유

사건의 시작은 종친인 황산수 이문이 궁궐을 찾아와서 하소연한 것에서부터 시작되었다.

"모화관(慕華館) 동쪽에 신의 집이 있사온데 집 북쪽에 머리가 심하게 깨진 여자 시신이 버려져 있습니다."

모화관은 조선을 찾아오는 중국 사신들이 한양 밖에 머무는 숙소로 서문인 홍인문 밖에 세워졌다. 중국에서 사신이 오면 임금이나 세자가 이곳에 찾아가서 도착을 축하하는 연회를 베풀어주었다. 이 당시에는 도성 근처에 처리가 곤란한 시신들이 버려지는 경우는 종종 있었다. 그렇게 버려지는 시신들은 대부분 시구문이라고 불리는 광희문을 통해 은밀히 버려졌다. 그런데 이번처럼 중국 사신들이 머물고 사람들이 자주 왕래하는 모화관 근처에 참혹하게 죽은 시신이 버려진 경우는 극히 드물었다.

놀란 성종은 즉시 시신을 회수해서 검시하는 한편 죽은 원인에 대해서 조사할 것을 지시했다. 머리가 깨진 시체가 길가에서 발견되었으니 타살이 분명하다고 판단한 것이다. 시신을 조사한 결과 사인은 얼굴과 목에 집중적으로 칼에 찔린 것으로 파악되었다. 거기다 머리가 심하게 깨진 상태여서 참혹하기 이를 데 없었다. 성종은 첫 보고를 받고 사흘 후인 13일에도 재차 의금부와 형조, 한성부에 전교를 내려서 조사를 독촉했다. 오늘날에도 참혹한 살인사건이나 범죄가 발생하면 사람들은 혀를 차면서 '세상이 왜 이 모양이 된 거야?'라고 사회의 각박함을 탓한다. 이런 경향은 조선시대에도 마찬가지였는데 여기에 더해서 왕의 통치가 잘못되었기 때문에 이런 흉악한 일이 벌어졌다는 인식이 있었다.

조선시대에는 가뭄이나 태풍 같은 자연 재해가 발생해도 왕은 자신의 잘못을 탓하며 반찬 수를 줄이거나 감옥에 갇힌 죄수들을 풀어줬다. 사실 가뭄이나 태풍 같은 자연 재해는 왕도 어쩔 수 없지만 살인사건은 달랐다. 임금은 흉흉해진 도성의 민심을 가라앉히기 위해 신속한 사건 해결을 지시한 것이다. 임금이 관심을 가지게 되면서 사건의 조사는 당연히 빨라졌다. 현장 조사 책임을 맡은 사람은 형조좌랑에 있던 박처륜이었다. 1470년 과거에 급제하면서 관직의 길에 오른 그는 예문관과 홍문관에서 일했으며, 신숙주 등과 함께 세종과 예종의 실록을 편찬하는 작업에 참여했다. 병조좌랑을 거쳐 형조좌랑에 있던 그는 1월 20일, 삼사의 관리들을 이끌고 용의자의 집에 들이닥친다. 하지만 집 주인은 행랑채를 수색하는 삼사의 관리들에게 호통을 쳤다.

"네 놈들이 어찌하여 내 집을 수색하느냐?"

그러자 박처륜이 나서서 대답했다.

"임금께서 모화관 근처에서 발견된 여인의 시신에 관해서 조사하라는 어명이 계셨습니다."

"내 집에 수상한 자가 있다면 어찌 미리 이르지 않았겠느냐? 썩 물러가라!"

호통을 친 집 주인은 박처륜이 물러나지 않자 하인들을 시켜서 밖으로 몰아냈다. 박처륜은 곧장 성종에게 돌아와 이 사실을 알렸다. 집 주인이 이렇게 왕명을 받은 박처륜 앞에서 당당할 수 있었던 것은 세조와 근빈 박씨 사이에서 태어난 창원군 이성이었기 때문이었다. 조선시대 특권계급이나 치외 법권에 해당되었던 종친들은 종종 말썽을 일으켜서 탄핵의 대상이었다. 하지만 역모나 반란에 관여하지 않았다면 대부분 임금의 보호를 받았다. 창원군 역시 그런 '빽'을 믿고 제멋대로 행동했는데 지난해에도 온천에 간다는 핑계로 지방을 돌면서 수령들의 접대를 받고 민폐를 끼쳤다가 신하들의 탄핵을 받았다. 사건 조사에 관한 전권을 위임받은 박처륜이었지만 종친에 대한 조사는 조심스러울 수밖에 없었다. 다행히 성종은 창원군을 감싸는 대신 박처륜의 손을 들어줬다.

"짐이 여인의 죽음과 관련해서 한 점의 의혹도 없이 수사하라고 일렀는데 감히 거절을 하니 심히 옳지 않다."

창원군을 조사해도 좋다는 허락은 물론 살인자를 신고하면 포상하겠다는 명령을 내렸다. 박처륜이 창원군 이성을 유력한 용의자로 지목한 이유는 시신이 발견된 장소와 연관이 깊었기 때문이다. 그는 죽은 여인의 머리에 생긴 상처를 살펴보고는 둔기에 맞은 것이 아니라 어디에선가 던져지면서 생긴 상처라는 결론을 낸 것이다.『신주무원록』에 따르면 둔기에 맞아서 사망했을 경우 맞은 부위가 검붉게 부어오르지만 살갗이 터지지는 않았다. 하지만 황산수 이문은 시신의 머리가 심하게 깨진 상태였다고 밝혔다. 즉, 몽둥이나 쇠붙이에 맞아서 생긴 상처가 아니었다.

그렇다면 남은 건 추락한 경우인데 모화관 근처에서 높은 곳이라면 돈의문 일대의 성벽뿐이었다. 따라서 성벽 근처의 집들이 집중 수색 대상이었고, 그 중에서 창원군 이성의 집 동쪽이 성벽과 거의 닿아 있었다. 성종의 지시를 받은 박처륜은 다시 창원군의 집에 들이닥쳤다. 하지만 핏자국을 비롯한 별다른 흔적들을 찾아볼 수 없었다. 창원군의 집에서 물러난 박처륜은 근처의 성벽 위를 살펴봤다. 그리고 결정적인 증거를 발견했다. 성벽의 돌 틈에서 여인의 머리카락과 노끈을 발견했는데 모두 피가 묻어 있었던 것이다. 성벽 위에서 수거한 머리카락은 죽은 여인의 머리카락 길이와 일치했다. 박처륜은 곧이어 창원군 집의 노비들을 잡아다가 조사했는데 그 중 한 명인 동량을 조사하던 중 특이한 점을 발견하고 물었다.

"속옷에 웬 핏자국이냐?"

"몇 년 전에 주인마님한테 월형(刖刑)[10]을 당했을 때 생긴 상처입니다."

"언제 월형을 당했느냐?"

"한 4~5년쯤 되었을 겁니다."

조사를 마친 박처륜은 성종에게 창원군 이성을 유력한 용의자로 보고했다.

"시신이 발견된 장소와 가까운 것은 물론이고, 수색을 허락하지 않은 점. 그리고 그 집 종 동량의 속옷에서 핏자국을 발견한 점을 미뤄 보아서 창원군 이성을 좀 더 조사해 보는 게 좋을 듯싶습니다. 동량의 말로는 4~5년 전에 당한 형벌로 인해 묻은 피라고 하지만 지금까지 빨지 않았을 리 없습니다."

하지만 박처륜의 보고를 받은 성종은 애매모호한 태도를 취했다.

"짐이 시신이 발견된 곳 근처의 집들을 수색하라고 이른 지 언제인데 이제 와서야 그것을 찾았느냐? 그리고 창원군의 집이 근처에 있다는 것만 가지고 어찌 유력한 용의자로 볼 수 있겠느냐? 창원군 만을 용의자로 보지 말고 다른 자들도 철저하게 조사하라."

미진한 수사를 질타하면서도 창원군을 용의자로 지목하는 것을 피하라는 이중적인 지시를 내린 성종은 영의정 정창손을 수사 책임자

---

10 발뒤꿈치를 베는 형벌.

로 지명한다. 성종이 갑자기 창원군을 감싸고 돈 것은 종친이 처벌받게 되면 자칫 임금의 권위에도 금이 갈 수도 있다는 점을 우려했기 때문으로 보인다.

하지만 1월 26일 저녁, 도승지 신준의 집에 익명의 고발장이 날아든다. 다음날 입궐한 신준은 뜯지 않은 고발장을 성종에게 바쳤다. 성종은 대신들을 불러 모은 상태에서 고발장을 뜯었는데 그 안에는 거평군 부인의 종 '가외'에게 물어보라는 내용이 적혀 있었다.

붙잡혀온 가외는 자신의 팔촌동생인 고읍지가 창원군의 집에 구사(丘史)[11]로 있는데 얼굴이 예뻐서 창원군이 흑심을 품고 있다는 얘기를 들었다고 털어놨다. 가외는 고읍지의 외모와 복색에 대해서도 얘기를 했는데 모화관 근처에서 발견된 시신의 특징과 일치했다. 성종은 창원군에게 구사들의 명단을 내놓으라고 명령했다. 하지만 창원군은 처음에는 명단이 없다고 버티다가 나중에는 이미 제출했다고 하면서 발뺌을 했다. 박처륜을 비롯한 대신들이 창원군을 가두고 조사할 것을 청했지만 성종은 그럴 필요까지는 없다면서 거절했다. 창원군은 여전히 버티면서 집안의 칼을 모두 제출하라는 명령도 거부했다. 관련자들이 차례대로 잡혀 와서 심문을 당하는 가운데 창원군의 집에 대한 재수색이 실시되었다. 심문을 받던 창원군의 종들이 마침

---

11 임금이 종친이나 공신들에게 나눠주던 관노비.

내 진실을 털어놨다.

"우리 집 여종 중에 옥금이라는 여인이 있는데 홍옥형의 아내입니다. 홍옥형이 아내를 만나러 집에 자주 드나들다가 주인마님의 여종 고읍지와 눈이 맞아서 간통을 했습니다. 그러던 어느 날 고읍지가 옥금에게 꿈에 홍옥형을 봤다고 털어놨습니다. 그 얘기를 들은 주인마님이 크게 노하셔서 우리들에게 그녀를 죽이라고 해서 처마에 매달아 놓고 칼로 찔러서 죽였습니다."

살인을 실행에 옮긴 것은 원만이라는 종이었고, 석산은 새끼줄로 그녀의 목을 처마에 매달았다. 피 묻은 속옷을 입고 있던 동량과 산이가 죽은 고읍지의 시신을 성 밖에 던졌다. 두 사람은 죽은 여인의 시신을 가지고 집 밖으로 나왔지만 비바람이 불고 날이 어두워지자 그냥 성벽 위에 올라가서 밖으로 던져버리고 집으로 돌아온 것이다. 박처륜이 창원군의 집을 수색하려다가 쫓겨난 지 한 달 만의 일이었다. 종들의 증언으로 궁지에 몰린 창원군은 2월 5일 의금부 앞에서 자신의 무죄를 주장했다.

보고를 받은 성종은 창원군에게 어떤 처벌을 내릴지 대신들에게 물었다. 대신들은 근신이나 한양 근처로 가족들과 함께 유배를 보내는 정도로 처벌하자는 쪽과 멀리 쫓아 보내고 출입을 금지시키자는 쪽의 의견으로 갈려졌다. 성종은 사건을 재조사할 것과 창원군을 직접 심문할 것을 주장했다. 대신들이 이에 반대했지만 성종은 반대를 무릅쓰고 창원군과 관련자들에게 직접 사건의 전말에 대해서 물었다. 대신들의 예측대로 창원군은 자신의 무죄를 주장했다. 이제 고읍지의 죽음은 뒤로 한 채 처벌해야 한다는 대신들과 그럴 수 없다는 성종의 힘겨루기가 시작되었다.

첫 승리는 대신들의 것이었다. 3월 11일, 성종은 창원군을 충청도 진천현으로 귀양 보내라는 지시를 내린다. 하지만 곧이어 대비의 뜻을 내세워서 유배형을 취소하고 가택 연금형으로 낮췄다. 대신들은 형벌이 너무 가볍다며 항의했지만 성종은 들은 척도 하지 않았다. 그나마 시신이 눈에 띄는 곳에 버려졌고, 박처륜의 꼼꼼한 조사 덕분에 증거가 명백하게 나왔기 때문에 이 정도까지 처벌할 수 있었다.

직접 살인을 저지른 원만과 가담한 석산은 장형 90대에 도형(徒刑)[12] 2년에 처하고, 시신을 버린 동량과 산이는 장형 60대에 도형 1년에 처한다는 판결이 나왔다. 하지만 주인이 시키는 대로 해야 하는 노비라는 점을 감안하여 장형 100대에 처하고 변방의 노비로 보내버렸다. 옥금의 남편이자 고읍지와 간통했던 홍옥형 역시 곤장을 때리고 변방의 군인으로 충원시키라는 판결이 내려졌다.

관련자들은 이런저런 처벌을 받았지만 정작 범인인 창원군 이성은

---

[12] 죄수들에게 중노동을 시키는 형벌.

참혹한 살인을 저지르고도 아무런 처벌을 받지 않았다. 이렇게 처벌을 모면한 창원군 이성은 1484년, 27살이라는 젊은 나이로 세상을 떠났다. 그에게는 여도(戾悼)라는 시호가 내려졌다. 사납고 포악한데다(戾)[13], 잘못을 뉘우치지 않고 일찍 죽었다(悼)[14]는 뜻이다. 보통 죽은 사람에게는 관대하던 조선시대에는 드문 경우였다.

---

[13] 사납고 포악하다는 뜻이다.
[14] 슬프고 마음이 아프다는 뜻이다.

온갖 고난과 역경을 이겨내고 범인을 잡아낸 탐정은?
벤자민 위버 Benjamin Weaver 데이비드 리스 지음

어떤 사건이 벌어졌을 때, 그 사건의 배경에 권력층이 있다면 수사 진행 자체가 힘들거나, 또 범인을 잡더라도 죄에 합당한 벌을 제대로 주지 못하는 사례는 드물지 않았다. 아니, 이러한 일은 지금도 어렵지 않게 볼 수 있기 때문에 분통이 터지는 경우가 자주 있다.

추리소설에서도 비슷한 상황은 종종 발생한다. 하지만 다행스럽게도 주인공 탐정이나 형사는 온갖 압력과 방해를 무릅쓰고 불굴의 의지를 발휘해 범인으로 하여금 반드시 죗값을 치르게 했다. 이렇게 부당한 권력에 맞서 싸우는 주인공 중에서도, 현재가 아닌 과거를 무대로 활약하던 인물이 눈에 띈다.

시대는 18세기 초반, 무대는 런던. 이 무렵의 영국은 자본가를 대변하고 왕정을 주장하는 토리당, 비국교도와 증권시장을 지지하는 휘그당의 양대 정당이 맞서던 시대였다. 선거가 있었지만 정책과 비전 없이 상대방을 비난하고 돈으로 표를 사던 원시적인 시대였다. 이러한 어두운 시대에 사건을 해결하려면 두둑한 배짱과 그것을 뒷받침할 완력도 필요할 것이다. 『종이의 음모』에서 첫 선을 보인 벤자민 위버는 그런 능력을 갖추고 있었다.

원래 성이 리엔조임을 숨기고 사는 그는 유대인 증권 매매업자의 아들로 태어났는데, 매우 독특한 개성을 가지고 있다. 그 개성이란 기이할 정도로 상반된 면모를 지녔다는 것이다. 유대인이면서도 크리스천이며, 불량배 같지만 귀족적인 품위가 있으며, 부유한 집안에서 태어났으면서도 원래 성인 '리엔조'를 버리고 맨손 권투선수로서 성공적인 경력을 쌓았다. 스물세 살에 선수 생활을 마무리한 후 생계를 유지하기 위해 밀수선을 탔고, 가택침입에 노상강도 짓까지 했으나 목숨이 아까운데다가 벌이도 시원찮아 정직하게 살기로 마음을 먹고 런던으로 향한다. 그 길에서 우연히 불한당들에게 둘러싸여 봉변을 당하던 노인을 구해주는데, 그 노인이 권투선수 시절의 위버를 아는 부유한 무역상이었던 덕택에 많은 사례금과 함께 그의 능력이 소문나면서 새로운 일자리를 마련한다.

그의 직업은 보호자, 감시인, 법집행관, 고용 치안관, 도둑잡이의 역할을 모두 겸하게 되는데, 이는 현대의 사립탐정과 같은 역할을 방불케 한다. 그는 뛰어난 변장술을 지니고 있었는데, 악당을

잡을 때뿐만 아니라 누군가에게 쫓길 때도 매우 유용하다. 권투 선수 생활을 했음에도 불구하고 다른 선수들과는 달리 심한 부상을 입은 일이 없어 사소한 흉터 이외에는 얼굴이 멀끔하다. 그래서 자신이 꽤 잘 생겼다고 자부하는 그는 언제나 단정한 옷차림을 하고 있다.

당시의 국가 정세는 어지러웠지만 그가 관심을 갖는 것은 자신의 불안정한 재정 상태일 정도로 세속적인 면모를 가지고 있다. 벤자민 위버는 10년 가까이 연락을 끊고 지냈던 아버지의 돌연한 죽음이 단순한 비극적 사고가 아니라 살인이었음을 눈치 채면서 사건에 휘말린다. 런던 금융계를 둘러싼 비리는 매우 심각해서 금융 시장을 한꺼번에 무너뜨릴 수도 있는 정도의 위력을 지녔다. 사건에 직간접적으로 관련된 이들은 모두 권력층으로 돈과 권력을 앞세워서 벤자민 위버를 방해한다. 비록 그의 두뇌가 천재라고 하기에는 거리가 멀지만, 맨몸으로 하나하나 장애물을 제거해 가면서 배후에 숨겨진 진상을 파헤친다.

이후 그는 영국을 누비며 다양한 사건과 마주친다. 『부패의 풍경』에서는 심지어 사람을 죽였다는 혐의로 법정에 섰다가 사형 판결을 받기까지 한다. 그는 정치에 대해 그동안 무관심했고 아는 바도 없었지만, 자신의 혐의를 벗어나기 위해 이른바 정치판이 어떤 곳인가를 서서히 깨달아간다. 그 시절 영국의 귀족과 정치인 등, 이른바 권력층들은 하류 계층을 도구 정도로만 생각했으며, 자신들의 행동을 특권이라고 여겼으며, 아무도 이들의 범죄에 제동을 걸지 못했다. 따라서 하류 계층에 속한 벤자민은 우연이라기보다는 숙명적으로 권력에 맞설 수밖에 없었다.

4. 악녀 살인사건의 진실을 파헤치다

이의형

성종 19년 (1488년) 6월 어느 날

무더운 여름밤, 그림자 둘이 인적이 드문 마을의 논밭을 가로질러 갔다. 달빛조차 자취를 감춘 밤하늘에는 별들만 희미한 빛을 내뿜었다. 하지만 그림자들은 지형에 익숙한 듯 거침없이 길을 걸어갔다. 그림자들이 도착한 곳은 산자락에 자리 잡은 시골 토호의 저택이었다. 야트막한 담장 너머에는 긴 행랑채와 안채, 사랑채들이 보였다. 행랑채에 접해 있는 쪽문 가에 주저앉아 숨을 고른 그림자들은 잠시 후 조심스럽게 문을 두드렸다. 곧 삐걱대는 소리와 함께 빗장이 풀리고 문이 열리자 그림자들은 안으로 들어갔다. 문을 열어준 다른 그림자는 가만히 손을 들어서 안채 끝 방을 가리켰다. 그러자 안으로 들어온 그림자 중 하나가 품속에서 보자기를 꺼내서 풀었다. 보자기 안에는 잘 갈아놓은 칼들이 보였다. 시퍼런 칼 빛을 본 다른 그림자가 주저하는 눈치를 보였다. 그러자 보자기를 가지고 온 그림자가 쏘아붙였다.

"겁나?"

"그럼 겁이 안 나겠어?"

"어차피 이래죽으나 저래죽으나 마찬가지야. 이렇게 살다가 언제 죽을지 모르잖아."

칼 빛보다 더 서슬 퍼런 그림자의 말에 상대방이 한숨을 푹 내쉬었다.

"하긴, 이렇게 지내다가는 제 명에 못 살지."

쪽문의 빗장을 풀어준 그림자가 둘의 대화를 듣다가 끼어들었다.

"이럴 시간 없수. 내가 밖에서 망을 볼 테니 어서 해치우시구려."

"그럽시다. 어서 칼 잡아."

보자기를 가지고 온 그림자가 칼 한 자루를 골라잡고는 재촉했다. 칼을 쥔 두 사람은 혹시나 집안사람들이 깰지 몰라서 발소리를 내지 않도록 안채 끝 방으로 조심스럽게 다가갔다. 방 앞까지 도착한 두 사람은 조심스럽게 귀를 기울였다. 앞장 선 그림자가 동료에게 물었다.

"안에 코 고는 소리 들리지?"

"응."

"네가 문을 열어. 그럼 내가 들어갈게."

"알았어. 일 끝난 다음에 해야 할 일 잊지 마."

앞장선 그림자가 고개를 끄덕거리자 뒤따르던 그림자는 조심스럽게 문고리를 잡아당겼다. 심호흡을 한 그림자는 반쯤 열린 문 안으로 미끄러지듯 들어갔다. 방 안에는 늙은 여인이 이불을 덮은 채 잠들어 있었다. 안으로 들어간 그림자는 막상 누워 있는 여인을 보고는 마음이 흔들렸는지 움직이지 못했다. 그러다가 인기척을 느낀 늙은 여인이 깨어나려는 기미를 보였다. 그러자 주저하던 그림자는 재빨리 이불을 걷어내고 여인의 가슴팍에 칼을 꽂아 넣었다. 그리고 온 몸에 무자비하게 칼질을 했다. 뒤따라 들어온 다른 그림자까지 가담해서 칼로 난자하자 늙은 여인은 비명조차 지르지 못하고 그대로 숨을 거뒀다. 눈을 부릅뜬 늙은 여인이 죽은 것을 확인한 두 사람은 입고 있던 홑저고리의 고름에 달려 있던 것을 칼로 끊어내고, 문갑을 뒤져서 문서들을 꺼냈다. 그때까지 집안사람들 누구도 살인을 눈치 채지 못했다. 일을 끝낸 두 사람은 방 안에서 챙긴 것들을 가지고 밖으로 나왔다. 밖에서 망을 보던 그림자는 두 사람이 밖으로 나간 다음에 쪽문을 닫고는 방으로 돌아갔다.

늙은 여인의 죽음은 다음날 아침이 되어서야 발견되었다. 집안에 퍼진 피비린내를 맡은 집 주인이 안채 끝 방을 열어봤다가 파랗게 질린 얼굴로 마당으로 뛰어나와서는 대성통곡을 했다. 그러자 가족들과 하인들이 겁에 질린 얼굴로 모여들었다. 그 중에는 어제 살인자들에게 쪽문을 열어줬던 자도 섞여 있었다. 집안사람들 틈에 섞여서 태연하게 우는 척하던 그는 이번 일이 잘 넘어가기만을 바랐다. 참혹한 소식을 들은 그녀의 아들과 며느리, 외손녀가 도착했다. 집 앞마당에 장막이 펼쳐지고, 장례 준비가 시작되었다. 피 묻은 그녀의 몸은 깨끗하게 염해졌다. 낮이 되면서 소식을 들은 마을 양반들이 찾아왔다. 마을의 흉사에 혀를 찬 늙은이들은 상주와 집안사람들에게는 들리지 않게 낮은 목소리로 얘기를 주고받았다. 손님을 맞이하느라 이리저리 뛰던 그의 귀에 양반들의 속삭임이 들렸다. 얘기 속에 한 여인의 이름이 빈번하게 오르내렸다. 정신없이 일하던 그는 그녀의 이름이 어쩐지 익숙한 것 같았다. 일을 대충 끝내고 늦은 점심을 먹던 그는 보리밥을 삼키면서 중얼거렸다.

"어우동이 대체 누구야?"

죽어도 마땅한 여인

1457년 5월 19일, 세조가 의금부에 명해서 박윤창의 아내 귀덕을 석방시켰다. 그녀의 죄목은 '악녀'였다. 여성들이 숨쉬기조차 어려웠을 것이라는 우리의 예상과는 달리 조선시대에도 제멋대로 혹은 제 성질대로 산 여성들이 적지 않았다. 박윤창의 아내 귀덕도 그 중 한 명이었다.

그녀가 남편과 함께 새로 살 집을 둘러보기 위해 갔다가 벌어진 일은 사관이 실록에 적어놨을 정도로 쇼킹한 사건이었다. 두 사람이 새로 살 집은 기둥을 세우고 지붕의 기와를 올린 상태였다. 남은 일은 벽을 세우는 일이었는데 두 사람은 창문을 놓는 자리를 놓고 말다툼을 벌였다. 우리가 알고 있는 상식대로라면 조선시대엔 남자가 얘기를 하면 여자는 조용히 듣거나 맞장구를 쳐주는 게 고작이었을 것이다. 하지만 귀덕은 남편과 의견이 나뉘자 성질을 냈다. 마침 박윤창은 한쪽 눈이 보이지 않은 상태였는데 귀덕은 그 약점을 물고 늘어졌다.

"이 애꾸눈아! 네가 뭘 안다고 나서느냐!"

폭언을 퍼붓는 것도 모자라서 귀덕은 장대로 지붕의 기와를 부수면서 소리쳤다.

"내 마음에 들지 않는 이런 집 따위가 무슨 소용이 있으리."

그러고는 지붕의 기와는 물론 벽과 기둥까지 남김없이 부수고 말았다. 그 자리에는 아마 두 사람 말고도 일꾼들과 몸종들까지 있었지만 아무도 말리지 못했다. 그녀의 악행은 여기서 그치지 않았다. 성질이 사납고 모진 그녀는 하인들의 사소한 실수도 가혹하게 다스렸다. 그러다 남자 종과 은밀히 간통을 했는데 여자 종이 그 사실을 알고 소문을 내자 그녀는 물론 아들까지 때려서 죽이고 말았다. 이 사실이 알려지자 그녀는 의금부에 갇히고 말았는데 남편인 박윤창이 나서서 구명운동을 펼쳤다. 공처가에다가 간통한 아내를 구하러 돌아다니니 다른 사람들이 얼마나 비웃었을지 짐작이 가고도 남는다.

하지만 박윤창은 그런 비웃음을 무릅쓰고 아내의 무죄를 주장했다. 결국 가뭄이 심해지면서 감옥에 갇힌 죄수들을 풀어주라는 세조의 명령과 함께 그녀도 석방되었다. 감옥에서 풀려난 그녀는 잘못을 뉘우치고 행복하게 살았을까? 여러 가지 기록들을 조합해 보면 그렇지 않았던 것으로 보인다. 불같은 성격을 참지 않고 바람을 계속 피우고 돌아다닌 탓에 결국 남편과 이혼한 것으로 보인다. 거기다 딸 어우동이 희대의 섹스 스캔들을 일으킨 끝에 목숨을 잃고 말았다. 어우동에 관한 기록을 적은 사관은 모녀가 다 똑같이 음행을 저질렀다며 비난의 목소리를 높였다. 하지만 그녀의 불행은 여기에서 끝나지 않았다.

딸이 죽은 지 8년 만인 1488년, 그녀에게 또 다른 불행이 찾아왔다. 아들과 며느리와 함께 고향인 충청북도 음죽으로 내려온 그녀는 친척인 정소의 집에 머물다가 강도의 손에 목숨을 잃은 것이다. 어머니와 딸 모두 조선에서는 용납될 수 없었던 악녀였기 때문에 사람들은 그들의 죽음을 통쾌해했을까? 하지만 그녀의 죽음이 남겨놓은 진실은 끝없이 참혹했다. 악녀라는 타이틀이 붙긴 했지만 그녀의 죽음은 명백한 타살이었다. 거기다 전 남편이었던 박윤창은 관직을 역임했던 양반이었기 때문에 조사에 착수해야만 했다. 안성군수가 차사원(差使員)[15]을 보내 사건을 조사했다. 조정에서도 사건의 중대성을 감안해서 경차관(敬差官)[16] 이의형을 파견했다. 생원이었던 그는 1446년, 세조가 사정전에서 유생들을 불러서 경전을 읽도록 할 때 불려나갔다가 오기가 지은 『오자병서』를 강독했다. 그의 강론을 들은 세조가 크게 감탄해서 선전관으로 임명하면서 본격적으로 관리의 길을 걸었다. 1477년 창평군수에 있으면서 과거에 정식으로 합격한 이의형은 사헌부 지평 등을 역임했다.

성종의 명령을 받고 살인현장인 음죽으로 내려간 이의형은 죽은 귀덕의 주변 사람들에게 대한 조사에 착수했다. 귀덕은 자기 집이 아니라 조카 집에 있다가 죽음을 당했고, 사라진 물건도 없었다. 그러니 주변 사람을 의심해 보는 게 맞았다. 조정에서 사헌부 지평까지 지낸 이의형을 보낸 것도 이런 의문점들 때문이었다. 이의형의 조사가 진행될수록 의문점들이 하나둘씩 드러났다. 그가 맨 처음 심문한 사람은

---

15 관찰사 등이 파견하는 임시관원
16 조정에서 지방으로 특수한 임무를 띠고 파견하던 관리.

귀덕의 외손녀. 그러니까 어우동의 딸 번좌였다. 이상한 점이 없었느냐는 이의형의 물음에 번좌는 곰곰이 생각하다가 한 가지 사실을 털어놨다.

"외할머니의 장례를 치루고 외삼촌과 외숙모와 함께 모여서 밥을 먹는데 조카가 나무로 된 도장을 가지고 놀고 있었습니다. 그래서 가만히 살펴보니까 다름 아닌 돌아가신 외할머니의 도장이었습니다."

"외조모의 도장이 확실했느냐?"

이의형의 물음에 번좌는 확실하다고 대답했다.

"네. 할머니가 문서에 도장을 찍을 때 쓴 것이 맞습니다."

"없어진 것은 언제 알았느냐?"

"할머니가 돌아가시고 나서 시신을 수습하면서 알았습니다."

번좌는 조카에게 가지고 놀던 도장이 어디서 났느냐고 묻자 아버지인 박성근에게 받았다는 얘기를 들었다고 진술했다. 아울러 이상하게 여겨서 박성근에게 이 사실을 따져 묻자 우물쭈물하다가 빈소의 처마 밑에서 주웠다고 대답했다고 덧붙였다. 박성근에게 의심의 화살이 돌아갔지만, 설마 아들이 어머니를 죽였으리라고는 생각하고 싶지 않았던 이의형은 계속 조사를 진행했다. 그녀는 간통을 저질러서 남편과 헤어지고 딸 어우동까지 음란죄로 처형당하면서 한양에서 살기가 곤란해졌다. 그러자 외손녀인 번좌와 아들 내외를 데리고 고향인 음죽으로 내려온 것이다. 할머니가 됐지만 젊은 시절의 성질은 여전해서 하인들과 가족들에게 무자비하게 대했다. 특히 아들 박성근에게 가혹했다. 그것은 어린 시절 박성근이 주변 사람들에게 어머니 흉을 봤기 때문이었다.

"나는 어머니가 잠 잘 때 발이 네 개인 것을 여러 번 봤다."

이 얘기를 들은 어머니는 아들을 미워하고 음식과 의복을 제대로 주지 않았다. 밤에 잠을 잘 때는 궤짝 속에 넣어버렸다. 장성해서도 재산을 제대로 물려주지 않고 홀대가 이어졌다. 집안의 노비들도 마찬가지로 귀덕의 사나운 성질에 전전긍긍했다. 확실히 집안 분위기는 폭풍 전야나 다름없었을 것이다. 이의형은 새로운 사실을 더 밝혀냈다. 안성군수가 보낸 차사원이 조사를 할 때 번좌는 박성근이 죽은 귀덕이 가지고 있던 노비문서들을 자신에게 건네줘서 보관했다고 진술했다. 하지만 이의형이 내려와서 재조사를 하자 다른 사실을 털어놨다.

"사실은 외할머니의 노비문서들은 외삼촌이 외숙모에게 주었던 것입니다. 그런데 안성군수께서 보낸 차사원이 조사를 하자 저에게 노비 문서들을 돌려주면서 외할머니가 돌아가시고 바로 너에게 주었다, 라고 얘기해 달라는 부탁을 받았습니다."

여기까지 들었을 때 이의형은 차마 믿고 싶지 않았던 사실을 인정하고 말았다. 귀덕의 살인범은 다름 아닌 아들 박성근이었던 것이다. 하지만 마지막 고비가 있었다. 박성근은 귀덕이 정소의 집에서 죽던 날 본가에 있었다. 살인을 꾸민 것은 박성근이었지만 손을 쓴 것은 다른 사람들이었다. 이의형은 귀덕의 종들을 매질하면서 심문하는 한편 박성근을 다그쳤다. 마침내 박성근이 자신이 살인범임을 자백했다.

"어린 시절부터 어머니는 저를 싫어하시고 누이동생인 어우동만 예뻐했습니다. 제가 나이가 먹고 나서도 재산도 나눠주지 않고 노비처럼 대하셨습니다. 그래서 그만……"

"공범은 누구냐?"

"사촌 집의 종인 내은산, 내은동과 공모했습니다."

박성근이 자백했지만 이의형은 계속 공모자를 추궁했다. 귀덕이 잠을 자다가 죽은 정소의 집에서도 분명 공모자가 있었다고 판단한 것이다. 그의 예측은 맞았다. 박성근은 어머니의 몸종 약덕과 정소의 집 하인인 왕석등도 가담했다고 털어놨다. 그리고 놀랍게도 귀덕의 조카이자 그녀가 머물던 집 주인인 정소도 함께 음모를 꾸몄다고 자백했다. 그러니까 귀덕을 미워하고 증오했으며, 두려워했던 주변 사람들이 마음을 합해서 살인을 저지른 셈이다. 오늘날 벌어졌어도 충격이었을 이 일은 곧바로 성종에게 보고되었다.

6월 20일, 이의형의 장계를 받은 성종은 의금부에 명령해서 관련자들을 모조리 잡아다가 심문할 것을 지시하는 한편 좌의정 홍응을 조사책임자로 임명했다. 바로 지난달인 5월 20일, 한양의 수구문 밖에서 참혹하게 죽은 알몸의 여인이 발견되어서 한양을 충격에 빠뜨린 데 이어 자식이 부모를 죽인 범죄가 일어난 것이다. 처벌은 신속하고 광범위하게 이뤄졌다. 살인의 주모자인 박성근은 능지처참형에 처해졌고, 실제로 살인을 행한 내은산과 내은동, 그리고 왕석도 같은 형벌에 처해졌다. 박성근이 공모자라고 자백한 정소는 심문을 받다가 매질에 못 이겨 죽은 상태였다. 조사에 성실하게 응한 번좌를 제외한 박성근과 정소의 가족들도 죄에 연루되어서 처벌을 받았다. 박성근의 처는 애초부터 범죄를 알고 있었으리라는 의심을 받은 상태였고, 잡혀온 이후에는 내내 남편을 비난했기 때문에 미움을 받은 상태였다. 결국 박성근의 가족과 정소의 가족들은 모두 변방으로 추방되었다. 인륜을 어긴 죄인의 가족 신분이었기 때문에 이들의 삶이 어떠했을지는 미루어 짐작이 간다. 이렇게 한 가족의 갈등과 증오는 끔찍한 살인으로 번졌다. 사건의 파장은 여기서 끝나지 않았다. 대신들이 살인이 벌어진 음죽현을 혁파할 것을 청한 것이다. 다행히 성종이 들어주지 않으면서 흐지부지되고 말았지만, 하마터면 음죽이라는 지명이 사라질 뻔했던 것이다.

이의형처럼 가족들 간의 은밀한 비밀을 파헤친 탐정은?

루 아처 Lew Archer 로스 맥도널드 지음

내밀한 가족사를 파헤치는 일은 아무래도 하드보일드 스타일의 탐정이 제격이다. 20세기 중반 등장했던 루 아처는 처음부터 천재적 두뇌를 가졌거나 정의의 수호자 같은, 추리소설에서 흔히 만날 수 있는 전형적인 주인공과는 거리가 있는 보통 사람이었다. 즉 그의 성격은 '평범하고 단순하지만 누구와 비교할 수 없을 만큼 염세적이고 우울한 인물'로 간단히 설명할 수 있다. 그러나 그는 완전무결하고 고귀한 영웅이 아니라 현대 사회의 폭력과 비리에 외롭게 맞서는 고독하고 냉혹한 인물이다. 그의 본명은 루이스 A. 아처다. '아처'라는 성은 대실 해밋의 『몰타의 매』에 등장했던 사립탐정 샘 스페이드의 동료 마일스 아처에게서, 그리고 '루'라는 이름은 『벤 허』의 작가 루 월레스에게서 따온 것으로 알려져 있다.

6피트 2인치(약 185cm)의 키에 푸른 눈과 짙은 색 머리카락, 얼굴은 가늘고 긴 편으로 자신의 외모에 대해서 스스로 웃고 있는 코요테처럼 야위고 굶주린 얼굴이나, 야윈 식인종 같은 얼굴, 혹은 나라도 믿지 못할 얼굴 등으로 묘사한다. 그러나 특별히 주변 사람들에게 경계심을 불러일으킬 만큼 눈에 띄지는 않으며, 오히려 여성들에게는 매력 있다는 말을 들을 때도 있다. 결혼 경력이 있으나 성격 차이로 이혼하여 현재는 독신. 전처인 수(Sue)와는 깊은 마음의 상처를 남긴 채 헤어졌으나 가끔 그녀를 머릿속에 떠올리곤 한다.

그는 1913년 캘리포니아 롱비치에서 태어나 오클랜드에서 어린 시절을 보냈다. 그후 고향으로 돌아와 질풍노도의 10대 시기를 겪다가 경찰학교를 거쳐 1935년부터 롱비치 경찰로 근무했다. 이때 2년가량 지방검사 그레이브스의 밑에서도 일했으나 경찰의 부패를 혐오한 끝에 퇴직했다. 그의 말로는 그만 둔 것이 아니라 해고당한 것이지만, 자세한 내막은 알려져 있지 않다. 이후 군에 입대해 2차 세계대전 중 정보부에서 복무했으며, 전쟁이 끝난 후 할리우드의 선셋 대로에 사무실을 열고 사립탐정 업무를 시작했다.

자칭 이혼 사건 전문 탐정인 그가 의뢰받는 사건은 가출 혹은 가족의 실종사건이 대부분이다. 오이디푸스 콤플렉스에 의한 가정 비극을 예리하게 묘사한 『위철리 가문의 여인』(1961)을 비롯

해 사라진 아버지를 소재로 삼은 『갤튼 사건』(1959), 『지하 인간』(1971) 등이 대표적 작품이다. 한편 시간이 흐르면서 현대의 물질문명을 혐오하는 모습이 점점 더 짙어진다. 모든 것을 돈과 연관시키는 속물주의에 대한 혐오를 묘사한 『검은 돈』(1966)을 비롯해서 샌타바버라 해안을 뒤덮은 석유오염사건을 배경으로 한 『잠자는 미녀』(1973)는 환경오염에 대한 분노와 항의를 표현하고 있다. 처음에는 일당 50달러를 받으면서 남의 사생활을 엿보는 일을 한다는 주위의 시선에 저항감을 가졌다. 하지만 시간이 흐르면서 탐정과 치과의사는 모든 이가 싫어한다고 말하면서 자신의 직업에 대해 남들이 인정해 주기를 바라지 않는다.

그는 셜록 홈즈처럼 몇 개의 단서로 전체 사건을 순식간에 꿰뚫어보는 능력은 없기 때문에 일단 부지런히 움직이면서 실마리를 찾는다. 몰래 남의 집에 숨어갈 때도 있고 급하면 보험외판원이나 해충방제회사 직원으로 위장하는 임기응변도 발휘한다. 그는 경찰학교에 들어갈 때만 해도 악인은 타고난 것이라고 생각했으나, 경험이 쌓이면서 환경과 상황 등에 의해 인간은 누구나 악인이 될 수 있는 가능성이 있음을 깨닫는다.

30대 중반까지의 아처는 선배 탐정들이 그렇듯 몸싸움을 피하지 않는 활동적인 모습을 보였으나 점점 나이가 들면서 차츰 인간의 본성을 탐구하는 모습으로 변해간다. 단순한 탐정이 아닌 관찰자로서의 시각을 독자들에게 보여주고 있다. 아처는 자신을 근본은 착한 사람이라고 규정한다. 그래서 어떠한 폭력이나 협박에도 굴복하지 않고 자신의 임무에 반드시 책임을 진다. 감정에 쉽사리 흔들리지 않기 때문에 냉정하게 보이기도 하지만, 진실을 규명하려는 신념, 협박이나 폭력 혹은 유혹에 꺾이지 않는 태도는 명예를 추구하는 그의 신념이자 미덕이다.

5. 천재적 두뇌를 가진 타락한 탐정
연산군

연산군 2년 (1496년), 3월 19일

　어탑 위의 옥좌에 앉은 임금은 몽롱한 눈길로 신하들을 바라봤다. 어제 살곶이 목장에 사냥을 갔다가 오느라 피곤한 상태였다. 사냥도 사냥이지만 오가는 길에 동행한 후궁과 거사(擧舍)[17]에서 질펀한 방사를 즐기느라 아직 피로가 풀리지 않았다. 방석을 깔고 앉은 신하들은 임금이 입을 열기만을 기다렸다. 임금이 눈짓을 하자 내관이 문을 열었다. 그러자 밖에 있던 사냥개들이 우르르 몰려 들어왔다. 처음 조회에 참석한 젊은 신하들은 깜짝 놀란 표정을 지었지만 늙은 정승들은

---

17 작은 방 모양의 가마로 연산군이 행차할 때 뒤따르게 하다가 길가에 세워두고 안에 들어가서 성관계를 맺었다. 이동식 러브호텔이라고 볼 수 있겠다.

눈을 감고 한숨만 쉴 뿐이었다. 임금은 날렵하게 생긴 사냥개들이 석상처럼 서 있는 신하들 사이를 오가는 모습을 흡족한 눈으로 지켜봤다. 그는 체통과 체면에 목숨을 거는 신하들이 이렇게 당황하는 모습을 보면서 묘한 쾌락을 느꼈다.

지금 조정에는 신하의 본분을 저버리고 사사건건 발목을 잡고 훼방을 놓으려는 작자들로 가득했다. 재작년에 돌아가신 아버지 성종께서 너무 유약했던 탓이었다. 작년에 아버지 성종의 묘지문을 읽다가 왜 어머니가 일찍 돌아가셨는지 알게 되었던 때의 충격을 떠올렸다. 아버지와 할머니가 어머니를 죽이는데 입으로는 충성을 외치는 신하들은 아무도 그 일의 부당함을 아뢰거나 간언하지 않았다. 거기다 스스로 사림이라고 부르는 자들은 임금을 우습게 여겼다. 생각 같아서는 당장에라도 쓸어버리고 싶지만 아직은 때가 아니었다. 이런 저런 생각에 잠겨 있던 연산군은 가볍게 손짓을 했다. 그러자 내관들이 들어와서 내전을 휩쓸고 다니던 사냥개들을 끌고나갔다.

문이 닫히자 한숨을 쉰 대사헌 이감이 고했다.

"신이 듣기로 초계군수를 지낸 유인홍의 첩이 종과 간통을 하다가 인홍의 딸에게 발각이 되자 소문이 나는 것을 막기 위해 칼로 찔러 죽였다는 소문이 돌고 있사옵니다. 첩이 간통을 저지르는 것도 모자라서 적실의 딸을 죽여서 입막음을 했다니 해괴하기 이를 데가 없사옵니다."

이감의 얘기를 들은 신하들이 웅성거렸다. 눈을 감은 임금은 생각에 잠겼다. 옆에 있던 승지 송질이 연이어 고했다.

"참으로 해괴한 일이 아닐 수 없사옵니다. 듣자하니 유인홍은 초계 군수로 임명되고 임지로 내려갈 때 첩과 딸을 데려갔다고 했는데 그 곳에서 살인이 벌어진 듯합니다. 의금부에 명하셔서 그 첩과 종들을 잡아다가 국문하게 하소서."

임금은 승지의 얘기까지 듣고는 천천히 입을 열었다.

"소문을 막기 위해서 살인을 저질렀다고 했는데 어찌 경상도에서 일어난 일이 짐의 귀에까지 들어오게 되었느냐?"

"관아에서 벌어진 일이니 보고 듣는 자가 한둘이었겠습니까? 경상도 일대에서는 이미 크게 퍼진 소문이라고 하옵니다."

맨 처음 얘기를 한 대사헌 이감의 대답을 들은 임금이 말했다.

"첩과 종들을 의금부로 잡아들여서 심문하라. 그리고 유인홍도 불러다가 조사하라."

"유인홍도 말이옵니까? 무릇 사대부라면 안채의 일은 관여하지 않사옵니다."

옆에 있던 승지의 반문에 임금이 얼굴을 찌푸렸다.

"첩과 딸을 데리고 함께 살았다면 정실부인이 일찍 죽었다는 얘기가 아니냐? 재혼을 하지 않고 첩과 함께 살았다는 얘기는 서로 연모했다는 것이 될 터이다. 하나 첩은 첩일 뿐, 정실 부인 소생의 딸과 사이가 좋지 않았을 것이고, 종을 부리기도 쉽지 않았을 것이다. 그러니 유인홍이 분명 안채의 일에 관여했을 것이다."

"하오면 유인홍도 같이 잡아들이옵니까?"

설명을 들은 승지의 말에 임금이 고개를 저었다.

"잡아 가둘 죄가 없다. 하나 사랑하는 첩이 잡혀오면 분명 제 발로 나타날 것이다."

임금의 자신만만한 목소리에 내전의 신하들은 가만히 고개를 끄덕거렸다.

악마 같은 천재성을 발휘하다

조선의 열 번째 임금인 연산군은 광해군과 더불어 신하들에 의해 폐위 당했다는 불명예스러운 타이틀을 가지고 있다. 그래서 그의 행적을 담은 실록도 연산군일기라는 이름이 붙었다. 그나마 광해군은 재평가하려는 움직임이라도 있지만 연산군은 빼도 박도 못하는 사악한 임금 그 자체다. 여러 차례 사화를 일으켜서 죄 없는 선비들을 죽였고, 어머니의 죽음을 빌미로 아버지의 후궁들을 참살했으며, 전국의 미녀들을 모아서 자신의 수청을 들게 했다. 그리고 사냥터를 만든다는 핑계로 경기 일대의 막대한 토지에 출입 금지령을 내려 백성들을 고통받게 만들었다. 최근 들어와서 그의 이런 행동들을 어머니의 죽음이 아닌 왕권 강화 차원의 움직임이라고 분석하는 경우가 늘고 있다. 하지만 설사 연산군의 의도가 그렇다고 해도 백성들에게 고통을 주고, 개인적인 쾌락을 위해 국가 재정을 낭비했다는 사실은 변하지 않는다. 역사의 기록에 남은 연산군은 패륜아였고, 폭군이었다. 더불어 명탐정이기도 했다.

　그는 영특한 인물이었다. 문제는 사악한 쪽으로 그 재능을 발휘했다는 데 있다. 그가 왕위에 오른 지 8년째인 1502년 12월, 사헌부 장령 김천령이 몇 달 전 내려진 사대부의 호화 혼례 금지령이 지방에서는 제대로 시행되지 않는다고 지적했다. 그러자 내내 자신의 정책을 반대하던 대간들을 손보고 싶었던 연산군은 기다렸다는 듯 꼬투리를 잡았다.
　"호화 혼례 금지령이 내려진 지 언제인지 이제 와서야 이 일을 고하느냐? 당시 대간들 중에 지금까지 재직한 자들과 이 일을 지금에서야 고하기로 결정한 자들이 누구인지 조사해서 보고하라."
　연산군의 불호령이 떨어지자 사헌부 대사헌을 비롯한 대간들이 잘못을 사과했다. 하지만 연산군의 공격은 멈추지 않았다.
　"대간들은 다른 사람들의 잘못을 들추는 일을 하는데 스스로 죄를 지으면 누구를 탓하겠느냐? 다들 잡아다 국문하라."

상대방의 말 속에 담긴 빈틈을 정확하게 끄집어낸 연산군은 얼마 후 죄를 용서해 주겠다며 자신의 관대함을 자랑했다. 연산군은 이런 식으로 무조건 죄를 묻는 대신 꼼짝 못하게 할 상황에 몰아넣은 후에 처벌했다. 어머니인 폐비 윤씨의 죽음에 대해서도 무작정 처벌하는 대신 극도로 잔인한 방법을 선택했다. 즉, 어서를 내려서 첩의 참소로 왕후가 폐위되는 일이 벌어지면 신하들은 목숨을 걸고 반대하는 것이 옳은지 아니면 죽음을 피하기 위해 순종하는 것이 옳은지 의논해서 아뢰라고 한 것이다. 이런 사례들은 연산군이 고도의 정치적인 감각과 더불어 만만치 않은 두뇌를 가지고 있음을 보여준다. 그리고 그는 이런 재능을 십분 발휘해서 역사 속에 명탐정으로서의 흔적을 남겼다.

연산군이 왕위에 오른 지 2년 만인 1496년 3월 19일, 대사간 이감이 끔찍한 살인사건에 관한 얘기를 전한다.

"초계군수를 지낸 유인홍의 첩이 남자 종과 간통을 하다가 그 딸에게 발각되자 찔러 죽였다는 소문이 돌고 있사옵니다. 심히 해괴한 일이니 조사할 것을 청하옵니다."

비록 몇 달이라는 시간이 걸렸겠지만, 오늘날 경상도 합천에서 일어난 일이 한양까지 소문이 퍼져서 임금의 귀에까지 들어간 것이다.

요즘 벌어졌다면 「그것이 알고 싶다」나 「추적60분」에 나왔을 만한 사건이 조선시대에 일어났으니 당연히 큰 파장이 일어났다. 보고를 받은 연산군은 관련자들을 모두 의금부로 잡아다가 조사하라고 지시했다. 계모가 간통을 숨기기 위해 남편의 딸을 죽인 사건은 뜻밖의 등장인물로 인해 파장이 더 커졌다. 관련자들에 대한 체포령이 떨어진 당일, 유인홍이 의금부에 나타난 것이다. 그리고 뜻밖의 얘기를 한다.

"신이 초계에 군수로 부임할 때 첩과 딸을 함께 데리고 갔습니다. 그러던 어느 날, 제 딸이 허락도 받지 아니하고 종에게 줄 삭료미(朔料米)[18]로 면포를 산 일이 있습니다. 그래서 꾸짖었더니 잘못을 뉘우치지 않고 밥을 먹지 않아서 또 혼을 낸 일이 있습니다. 그 일이 있은 후 제가 마침 시관(試官)[19]으로서 다른 고을에 간 사이에 딸이 칼로 목을 찔러 죽었습니다. 그런데 나라에서 제 첩이 죽였다고 오해를 해서 심히 원통하고 민망합니다."

자살한 칼에 대해서도 혼기가 찬 딸의 사윗감에게 줄 손칼이었다고 해명했다. 더불어 첩이 임신 중이라 걱정스럽다는 얘기까지 덧붙였다. 아버지가 친딸의 의문스러운 죽음은 외면한 채 첩을 감싸고 돈 셈이다. 경상도 합천에서 일어난 사건이 한양까지 퍼진 이유도 아마 아버지의 이런 비정한 모습 때문이었을 것이다. 실제로 유인홍은 성

---

18 삭료는 매달 지급하던 월급으로 삭료미는 월급처럼 지급하던 쌀을 말한다.
19 과거시험 감독관.

주에 사는 어떤 유생이 이 일을 적은 편지를 하급관리인 박항에게 보내면서 이런 헛소문이 번졌다고 주장했다.

친딸의 죽음은 자살이며, 따라서 자기 첩은 억울하다는 유인홍의 얘기는 연산군은 물론 조사에 참여한 관리들에게도 믿음을 주지 못했다. 이 사실을 연산군에게 보고한 도승지는 칼로 목숨을 끊는 것은 사내가 하기도 어려운데 어찌 아녀자가 능히 할 수 있느냐고 의문을 표시했다. 아울러 주인이 이런 얘기를 하면 종들이 사실을 털어놓기 어려우니 더욱 엄중히 문초해야 한다고 주장했다. 보고를 받은 연산군은 이런 소문이 난 경위를 조사하자는 승지들의 건의를 받아들인다. 유인홍이 이런 소문을 퍼지게 한 당사자로 지목한 하급관리 박항이 소환되었다. 박항은 성주의 유생에게 편지를 받은 것이 아니라 경기감사 이육이 시중에 떠도는 소문을 듣고 얘기해 줘서 대사간 이감에게 알렸다고 진술했다. 이육은 성주에 사는 친척에게 얘기를 들었지만 소문이 너무 허황한 것 같아서 차마 임금에게 보고하지 못했다고 얘기했다. 그러니까 남자들의 사랑방이 이 소문이 퍼진 진원지였던 셈이다.

의금부로 잡혀온 유인홍의 종들에 대한 강도 높은 심문이 이뤄진다. 하지만 유인홍과 첩 무적의 종들은 하나같이 입을 다물었다. 조사가 지지부진하다는 보고를 받은 연산군은 승지 강귀손에게 8가지

질문사항을 가지고 관련자들을 심문하라고 지시했다. 보통 신하들에게 조사를 맡기고 결과를 보고받은 후 처리 여부를 결정하던 다른 왕들과는 달리 직접 개입한 것이다. 그리고 추안(推案)[20]을 면밀히 살펴보고는 사건 해결의 돌파구를 찾아냈다.

"가장인 유인홍이 용의자인 첩을 무죄라고 감싸고 있으니 종들이 제대로 말을 못하고 있는 것이 분명하다. 그러니 조사가 끝날 때까지 유인홍을 가두어라."

종들이 주인의 눈치를 보느라 제대로 입을 열지 못하고 있다는 사실을 단번에 꿰뚫어 본 것이다. 사실 조선시대의 법에 의하면 종은 주인의 범법 행위를 고발하거나 밝힐 수 없었다. 조사에 참여한 승지들은 유인홍의 첩 무적과 간통한 혐의가 있는 젊은 남자 종들을 집중적으로 심문하도록 했다. 하지만 유인홍과 첩 무적의 종들 역시 하나같이 입을 다물었다.

심문에 참여한 승지 강귀손이 관련자들이 모두 입을 맞춘 것 같다는 보고를 한다. 어떤 내용인지 기록에 남아 있지는 않지만, 연산군이 직접 작성한 8가지 질문 사항에 대한 답변을 토대로 밝혀낸 것 같다. 연산군은 여기에 그치지 않고 특유의 예리함을 발휘해서 유인홍의 심문 내용 속에서 허점을 발견한다. 즉, 자살한 딸이 입고 있던 새

[20] 임금의 명령으로 의금부에서 죄인을 심문한 내용을 담은 문서

옷에 피가 묻는 것을 피하려고 헌 옷을 왼쪽 겨드랑이에 끼고 칼로 목을 찔렀다는 내용에 주목한 것이다. 연산군은 자살을 결심한 사람이 어찌 옷에 피가 묻는 것을 두려워할 수 있느냐며 유인홍을 계속 추궁하라고 지시한다.

조사가 지지부진하던 3월 29일, 결정적인 단서가 포착된다. 의금부에서 유인홍이 첩 무적과 언문으로 된 편지를 주고받았다는 사실을 알아내고 중간에 전달한 사람을 체포한 것이다. 압수된 언문 편지에는 유인홍이 첩인 무적에게 딸의 죽음 때문에 고초를 겪는 것을 안타까워하면서 어떻게 변명하는지에 대해서 상세히 알려주었다. 그러니까 유인홍은 첩인 무적은 물론 종들에게도 심문을 받으면 대답할 내용들에 대해서 미리 입을 맞춘 상태에서 의금부에 나타났던 것이다.

연산군은 편지를 읽어보고는 유인홍이 이번 사건에 깊숙하게 관여했다고 확신했다. 딸의 죽음에는 직접 관여하지 않았더라도 이 일을 어떻게 수습하고 변명해야 하는지 직접 진두지휘한 것이다. 언문편지가 발각되자 유인홍은 자신이 소식을 듣고 돌아왔을 때는 이미 입관한 상태라 딸의 시신을 보지 못했다고 자백했다. 더불어 자신도 딸의 죽음이 의심스러웠지만, 집안의 안 좋은 일들이 다른 사람들의 입에 오르내리는 것이 두려웠고, 첩이 자신의 아이를 임신한 상태라서 어쩔 수 없이 거짓말을 했다고 털어놓았다. 유인홍이 의심스럽다는 연산군의 예상이 맞아떨어진 셈이다. 이제 조사 내용은 실제 살인을 누가 저질렀는지 옮겨갔다. 죽은 유인홍의 딸과 같은 방을 썼던 여종과 첩의 종들이 집중 심문을 받았다. 유인홍의 딸과 한 방에 기거했던 팔월이라는 여종은 입을 다물었지만 또 다른 여종 덕금이 진상을 밝혔다.

"어느 날 무적이 막장과 더불어 똥진이의 방에 있다가 저를 불러다가 적녀(嫡女)[21]를 가리키면서 없애버려야 한다고 했습니다. 제가 응하지 않았더니 사흘 후에 또 죽여야 한다고 말해서 어쩔 수 없이 응했습니다."

첩이 정실의 딸을 죽였다는 소문은 사실로 밝혀졌다. 본래 첩은 집안에서 기를 못 폈지만 유인홍의 정실부인이 세상을 떠났고, 외동딸밖에 없던 처지라 사실상 무적이 집안의 안주인 노릇을 했던 것으로 보인다. 유인홍의 첩 무적은 남자 종 대산과 간통을 저질렀는데 둘이 함께 방에 있는 것을 목격한 유인홍의 딸은 둘의 신발을 숨겨버린 것이다. 그녀가 자신의 간통을 눈치챘다는 사실을 안 무적은 여종들에게 그녀를 죽일 것을 지시했고, 결국 여종 막장과 함께 칼로 그녀를 찔러 죽인 것이다. 다른 종들은 살인에 참여할 것을 거부했지만 어쨌든 그녀의 죽음이 자살이 아니라는 사실은 알고 있었던 셈이다.

---

21 정실부인 소생의 딸. 여기서는 죽은 유인홍의 딸을 지칭한다.

사건 발생 당시 집에 없었던 유인홍은 뒤늦게 딸의 죽음을 듣고 돌아왔다. 하지만 외동딸의 갑작스러운 죽음에 대해서 별다른 조사를 하지 않았다. 뒤늦게 이 소문이 퍼지자 종들에게 입을 맞출 것을 지시하고 스스로 의금부에 가서 첩의 무죄를 주장한 것이다. 유인홍이 뒤늦게 진술한 대로 첩을 의심했지만 집안 일이 소문이 나는 것이 두려워 감추려고 했는지, 아니면 첩의 살인을 눈감아준 공범인지는 알 수 없다. 하지만 그의 이런 행동은 직접 조사에 관여하지는 않았지만 보고를 받은 연산군의 예리한 눈에 걸려들고 말았다. 심문관들은 종과 무적에게 딸의 죽음에 대해서만 캐물었다. 하지만 연산군은 조사 범위를 확대해서 무적이 정말로 남자 종과 간통을 했는지 여부까지 조사하라고 지시했다. 더불어 직접 질문 내용을 골라서 물어보게 하고 이것을 통해 관련자들이 모두 사전에 입을 맞췄다는 사실까지 알아냈다.

거듭된 심문 과정에서 혹독한 매질을 당한 무적은 감옥에서 죽었고, 주인의 지시를 받고 살인에 가담한 그녀의 종들도 모두 처형당했다. 무적과 불륜을 저지른 대산 역시 감옥에 갇혀서 처형을 기다리는 신세가 되었다. 하지만 운좋게도 사면령이 내려지면서 변경의 작은 고을에 종으로 가게 되었다.

위증죄를 저지른 유인홍에 대한 처벌도 내려졌다. 직접적인 살인을 저지르지는 않았지만, 사실을 숨기고 사실대로 고하지 않은 죄로 장형 백 대를 때리고, 3년 동안 도형을 치르게 했다. 도형이란 관청에 배속시켜 노역을 시키는 형벌이다. 그리고 관리 임명장인 고신도 빼앗았다. 유인홍은 양반이기 때문에 장형은 속을 바치는 것으로 넘어갔지만 종이를 만드는 관청인 조지서(造紙署)에 배속되었다. 군수까지 역임한 양반이 하루아침에 종이를 만드는 관청의 노비로 전락한 것이다. 그나마도 대신들이 들고일어나는 바람에 멀리 북방으로 귀양을 가야만 했다.

딸의 죽음을 외면하고 첩을 감쌌던 유인홍은 몇 년 후 실록에 다시 이름을 남긴다. 사헌부에서 소격서 별제로 제수된 그의 임명이 부당하다고 반기를 든 것이다. 신하들이 자신의 권위에 도전하는 것을 극도로 싫어했던 연산군이었지만 순순히 그의 임명을 철회했다. 이 일을 끝으로 유인홍은 다시 역사 속으로 사라졌다.

사건이 밝혀지기까지 가장 큰 활약을 한 것은 연산군이었다. 그는 직접 조사를 참여하지는 못했지만 명석한 두뇌와 예리한 관찰력으로 사건을 본질을 꿰뚫어봤다. 그래서 신하들에게 명확한 지시를 내렸고, 조사결과를 보고받으면서 용의자들이 진술한 내용 중에서 허점을 찾아내서 자백을 받아낼 수 있었다. 하지만 그는 이런 능력을 자신의 쾌락을 위해서 소비했다. 한양 인근 경기도 땅의 절반을 자신의 사냥터로 만들어서 백성을 쫓아내고, 궁궐에서 보인다는 이유로 한양의 민가 수천 채를 철거해 버리는 만행을 저질렀다. 또, 밖으로 행차할 때 거사라는 이동식 러브호텔까지 뒤따르게 하면서 쾌락을 즐겼던 연산군은 결국 재위 12년 만인 1506년 9월 2일, 궁궐로 쳐들어온 반란군에게 옥새를 내주면서 왕위에서 쫓겨났다. 그리고 왕위에서 쫓겨난 지 두 달만인 11월 6일, 유배지인 강화도 교동에서 세상을 떠난다.

타인의 범죄를 꿰뚫어 본 악당형 탐정은?
아르센 뤼팽 Arsene Lupin 모리스 르블랑 지음

추리소설의 주인공이라고 하면 명탐정을 연상하는 것은 어찌 보면 당연하다. 그러나 모든 일에는 예외가 있는 법. 범죄자가 주인공으로 등장하는 작품들이 종종 있다. 그러나 평상시 범죄자였던 인물이 탐정처럼 사건을 해결하는 경우는 극히 드물다. 이런 역할의 효시이자 가장 유명한 이가 프랑스를 대표하는 인물인 아르센 뤼팽일 것이다. 그에게 괴도(怪盜)라는 호칭이 붙는 것에서 보이듯 도둑이지만 시대를 초월하여 많은 사람들의 사랑을 받고 있다. 신사이면서 동시에 괴도라는 이 모순된 양면성을 내포한 뤼팽은 부자들로부터 돈과 재물을 탈취할 뿐만 아니라 무능한 경찰을 조롱하면서 가난한 자들에게 통쾌함을 안겨줬다.

1904년 「체포된 뤼팽」이라는 단편에 처음 등장했을 때만 해도 매력적이긴 하지만 체포당하는 가련한 모습을 보여주었다. 하지만 이후 이어진 작품에서는 그의 놀라운 두뇌와 변장 솜씨를 유감없이 발휘하며 프랑스 경찰을 농락한다.

사실 그의 실체는 뛰어난 명성에 비해서는 원래 국적이 프랑스 정도를 빼놓고는 거의 알려져 있지 않다. 도둑이라는 그다지 내놓고 자랑할 만한 직업이 아닌 탓이다. 어린 시절 양친이 불행하게 세상을 떠나면서 사회의 차가운 대접을 받게 되자 그는 서서히 괴도로서의 재능을 발휘하기 시작한 것으로 알려졌다. 프랑스 경찰이 아르센 뤼팽을 체포하고 신원을 조사했지만 신원을 증명해 낼 수 없었으며, 과거를 전혀 알아내지 못했다. 이후에 그는 자기 자신조차 본래 모습을 잊었다고 할 만큼 뛰어난 변장술에 힘입어 외모는 물론 이름과 신분, 국적까지 자유자재로 바꾸면서 활약한다.

다방면에 걸친 지식과 교양을 쌓은 덕택에 귀족에서부터 건달, 심지어는 형사나 탐정으로까지 변신하며 세계 각국의 유력 인사들과도 연결 고리를 가지고 있다. 뤼팽은 가공할 만한 범죄자로서의 재능과 그것을 받쳐 주는 체력으로 수많은 무용담을 남기고 있다. 피비린내 나는 범죄를 싫어하며 개인적인 소장품들만을 노리며, 피해자들에 대해서 조금도 그 죄책감을 느끼지 않는다. 목적을 위해서는 어떠한 방법도 정당화될 수 있었다. 뤼팽은 일반 대중을 대신해서 사회악에 복수를 해 주는 인물인 것이다. 많은 사람에게 이미 익숙한 예고 범죄, 즉 범행 대상을 알려 놓아 미리 준비해 놓은 삼엄한 경계망을 뚫고 목표물을 훔쳐가는 일을 즐긴다. 또한 완전히 잡힐 위기를 감쪽같이 벗어나는 탈출 기술 등이 유명하지만 그는 범죄 이외에도 또 다른 모험을 즐긴다. 『수정마개』나 『813』 등의 작품에서는 도둑으로서의 재능과 탐정으로서의 추리력을 동시에 발휘하고 있으며, 『시계 종이 여덟 번 울릴 때』나 『바르네트 탐정 사무소』에서는 아예 수수께끼를 풀어 나가는 탐정 역할을 맡아서 맹활약한다. 아무래도 워낙 솜씨가 뛰어난 도둑인 만큼 남의 범죄행위도 쉽게 꿰뚫어 볼 수 있기 때문인지도 모른다.

재치가 넘쳐흐르는 데다 쾌활하고 장난스러우며, 동시에 짓궂으면서도 태연하고 낙천적인 태도가 돋보이는 아르센 뤼팽은 악한(惡漢)과 호한(好漢)의 경계를 넘나들며 줄타기를 한다. 필적할 수 있는 상대가 없는 인물이면서 한편으로는 여린 면도 지닌 그는 평범한 사람들이 소유한 소박함과 고상함을 자신 안에 가지고 있다. 그는 『거울 놀이』에서 이렇게 말했다. "아주 간단하지. 범죄를 발견하는 데 있어서 사실에 대한 조사나 관찰, 추리, 논리적 사고 등 시시껄렁한 헛소리보다 중요한 것이 있음을 이번 사건에서 다시 한번 확인했다네. 그건 바로 직감…… 직감과 통찰력이야. 자기 자랑은 아니지만 아르센 뤼팽은 그 둘을 모두 갖추고 있지."

그가 말하고자 하는 것은 범죄를 밝혀내는 열쇠가 인간의 심리를 꿰뚫어보는 직감과 그것을 풀어가는 지혜라는 점이다. 그리고 뤼팽은 직감과 지혜 모두 가지고 있다.

6. 부인과 아들, 누가 아버지를 죽였을까?
황헌

중종 32년 (1537년), 1월 어느 날

 추운 칼바람이 몰아쳤지만 한성부의 뜰에 모인 사람들은 꼼짝도 하지 않았다. 상복을 입은 남자가 굳은 표정으로 지켜보는 가운데 한성부의 관노 두 명이 김이 펄펄 나는 솥을 들고 왔다. 솥은 거적이 덮여 있는 형틀 옆에 놓였다. 작은 갓을 쓰고 하늘색 중치막을 입은 오작사령이 시신 옆에 서 있었다. 거추장스러운 중치막 자락을 뒤로 돌려 묶고 소매를 팔뚝까지 둘둘 말아 올린 상태라 가늘게 몸을 떨었다. 솥을 본 오작인이 입을 열었다.
 "검시를 시작할까요? 판관(判官)[22] 나리?"

---

22 한성부 관리로 종5품이다.

부채로 얼굴을 가리고 있던 관복차림의 판관이 고개를 끄덕거렸다.

"서둘러 시행하여라."

지시를 받은 오작사령이 조심스럽게 거적을 걷어내자 형틀 위에 반듯하게 누워 있는 늙은 남자의 알몸이 보였다. 상복을 입은 남자가 알몸의 시신을 향해 고개를 숙이고 가늘게 곡을 했다.

"아이고, 아버지."

남자의 흐느낌을 뒤로 한 채 오작사령은 솥에서 술을 거르고 남은 찌꺼기인 지게미를 꺼냈다. 지게미는 시신을 검시할 때 몸에 난 상처를 확인시켜주는 법물(法物)[23]로 한 겨울이나 초봄에는 뜨겁게 볶아서 시신에 발라야만 효과를 볼 수 있었다. 오작사령이 연신 뜨겁다는 말을 하면서 시신의 몸에 뜨겁게 볶은 지게미를 골고루 펴 발랐다. 부채로 얼굴을 가린 한성부 판관은 당장이라도 토할 것 같은 표정을 지었지만 의율(醫律)[24]들은 눈을 크게 뜨고 시신을 지켜봤다. 판관 옆에 자리를 펴고 앉은 서리는 작은 개다리소반 위에 책을 펼쳐놓고 글을 쓰는 중이었다. 시신의 얼굴부터 발끝까지 지게미를 바른 오작사령이 숨을 고르면서 천으로 손을 닦았다.

"얼마나 기다려야 하느냐?"

한성부 판관의 물음에 오작사령이 고개를 갸웃거렸다.

---

23 시신을 검시할 때 사용하는 도구들.
24 시신을 검시할 때 참관하는 아전들인 의생과 율생들을 지칭한다. 각각 의학과 법률을 담당했다.

"반나절은 기다려야 합니다. 이제 독약사를 검사하겠습니다."
"어서 시행하여라."

한시라도 빨리 이 상황을 벗어나고 싶어 하는 판관의 재촉에 오작사령은 쟁반에 가져온 은비녀를 집어 들었다. 시신의 입을 조심스럽게 벌린 오작사령은 은비녀를 집어넣고는 구겨진 종이를 쑤셔 넣었다. 그러고는 다시 시신의 입을 닫았다. 어느 정도 마음이 진정되었는지 판관이 오작사령에게 말을 건넸다.

"태안 현감으로 있을 때는 흰 밥을 시신의 입 안에 넣었다가 꺼내서 닭한테 먹이는 방법을 썼는데 말이다."

"밥을 먹은 닭을 훔쳐다가 먹은 백성들이 죽는 일이 있어서 상감마마께서 금하라는 전교를 내리셨습니다요."

오작사령이 공손하지만 그것도 모르느냐는 투로 대꾸했다. 그러고는 시신을 옆으로 눕혀놓고는 항문에도 은비녀를 쑤셔 넣었다. 입 안에 은비녀를 넣을 때까지는 제법 참았던 사람들도 그 광경을 보고는 더 이상 버티지 못하고 눈을 감거나 고개를 돌렸다. 하지만 오작사령이 시신을 검시하는 동안 아무도 자리를 뜨지 못했다. 초검이라면 시신의 키와 머리 상태, 몸에 다른 상처가 있는지를 조사하겠지만 이번 검시는 복검이라 그럴 필요가 없었다. 덜덜 떨면서 추위를 견디던 판관이 오작사령을 쳐다봤다. 발을 동동 구르면서 추위를 참던 오작 사령이 입을 열었다.

"대충 시간이 되었으니 벗겨내겠습니다."

곰방대를 솥 옆에 내려놓고는 능숙한 손놀림으로 시신의 몸에 붙여놓은 지게미를 걷어냈다. 그리고 물에 적신 무명천으로 시신의 몸을 깨끗하게 닦아내고는 판관에게 보고했다.

"깨끗합니다. 그럼 이제 은비녀를 꺼내보겠습니다."

양손으로 시신의 입을 벌린 오작사령이 구겨 넣은 종이를 꺼냈다. 종이가 바스락거리는 소리에 판관의 얼굴이 더 찡그려졌다. 오작사령은 종이를 꺼낸 시신의 입에 손을 집어넣고는 한참을 주물럭거렸다. 그 광경을 본 판관이 거북한 표정으로 물었다.

"뭐하는 게냐?"

"이래야 독이 있는지 제대로 확인할 수 있습니다요."

시신의 입안을 한참 주물럭거리던 오작사령이 은비녀를 꺼냈다. 은비녀가 멀쩡한 것을 본 오작사령이 중얼거렸다.

"입 안은 멀쩡하고 이제 곡도(穀道)[25]를 살펴볼까?"

시신을 옆으로 돌려서 항문에 박아놓은 은비녀를 꺼낸 오작사령은 청흑색으로 변한 은비녀를 보고는 눈을 크게 떴다.

"옳거니. 청흑색으로 변한 걸 보니까 독살이 틀림없습니다."

오작사령의 말이 끝나기가 무섭게 상복을 입은 남자가 건너편에

---

25 항문

서 있던 늙은 여인에게 달려갔다.

"내 그럴 줄 알았다. 우리 아버지 살려내라. 이 나쁜 년아!"

황망한 표정으로 서 있던 늙은 여인은 남자의 발길질에 쓰러졌다. 상복을 입은 남자는 매질을 말리던 또래의 남자에게도 폭언을 퍼부었다.

"네 놈도 한패인 걸 모를 줄 알았느냐? 우리 아버지 재산을 노린 흉악한 오누이인 줄 진작에 알아봤다. 진작 알아봤느니라."

보다 못한 의생과 율생이 나서서 상복을 입은 남자를 뜯어말렸다. 그 사이 서리는 바쁘게 붓을 놀려서 검시장식을 썼다. 옆에 놓인 벼루에 작은 붓을 척척 문질러서 먹물을 잔뜩 묻힌 서리가 사인을 적는 칸에 독약사(毒殺死)라는 글자를 적어 넣었다.

명백한 사건을 다시 돌아보다

광화문 앞 육조거리 서쪽에 있는 사헌부에 거친 삼베로 만든 상복을 입고 대나무 지팡이를 든 남자가 들어섰다. 너무나 이상한 광경에 사헌부 서리들은 하던 일을 멈췄다. 서리 중에 한명이 남자를 아는 체했다.

"자네 관상감(觀象監)[26]에서 일하던 김빈 아닌가? 여긴 어쩐 일인가? 옷은 또 왜 그렇고?"

"우리 아버지가 억울하게 돌아가셔서 정소(呈訴)[27]하려고 왔소이다."

김빈이라고 불린 남자는 기다렸다는 듯 이야기를 털어놨다. 김빈의 아버지 김중량은 아내가 일찍 세상을 떠나자 어철비라는 여인과 살면서 두리덕이라는 딸을 두었다. 그리고 내은장이라는 후처까지 두었다. 어머니를 잃고 아버지가 부인과 첩을 두게 되자 김빈은 관상감에서 일하면서 아버지와 따로 살았다. 그러다 나이가 든 김중량이 병이 들어서 따로 살던 그의 집에 치료하러 오면서 문제가 생겼다. 후처 내은장이 약속한 식량을 주지 않은 것이다. 본처인 철비와 그 딸 두리덕도 김중량을 모른 척하자 김빈은 화가 머리끝까지 치밀어 올랐다. 아버지의 재산으로 호의호식하던 이들이 정작 늙고 병이 들자 모른 척한 것이다. 억울함에 못 이긴 김빈은 늙고 병든 아버지를 업고 사헌부를 두 번이나 찾아와서 억울함을 호소하는 등 철비와 내은장의 죄를 고발했다.

그러던 어느 날, 내은장이 매부인 정형근과 함께 미음을 쑤어 와서 아버지에게 먹였는데 코와 입으로 토하고 온 몸을 떨다가 세상을 떠나고 말았다. 후처 내은장이 아버지를 독살한 것으로 의심한 김빈은

---

[26] 조선시대 천문학 등을 관장하던 관청.
[27] 관처에 고소장을 제출하는 것을 말함. 사헌부는 감찰기관이면서 사법기관이었기 때문에 법부라고 불렸다.

사헌부에 소장을 제출했다. 김빈은 이번 사건에 내은장과 그 딸은 물론 매부인 정형근, 그리고 본처인 철비와 그 딸인 두리덕도 연관이 되었다고 주장했다. 조선시대에는 반역죄 다음으로 무거운 죄가 바로 강상(綱常)[28]을 어기는 짓이다. 아내와 딸, 사위가 합심해서 한 집안의 가장을 독살한 것이라면 큰 일이 아닐 수 없었다. 사헌부는 이 사건을 관할 부서인 한성부로 넘겼다.

사건을 넘겨받은 한성부는 김중량의 시신을 검시했다. 김빈이 독살당했다고 주장했기 때문에 독을 복용했는지에 대한 조사가 집중적으로 이뤄졌다. 가장 널리 사용된 방법은 쥐엄나무를 끓여서 우려낸 물인 조각수(皁角水)로 씻어낸 은비녀를 입 안에 넣고 종이로 막은 다음 꺼내서 변색되었는지 여부를 확인하는 것이다. 만약 은비녀의 색깔이 변하지 않으면 독을 복용하지 않은 것이고, 청흑색으로 변하면 조각수로 다시 씻어내는데 색깔이 그대로면 독살로 의심되었다. 그 외에 흰 밥을 입 안에 넣고 종이로 막았다가 몇 시간 후에 빼서 닭에게 먹이는 방법도 쓰였다. 만약 닭이 흰 밥을 먹고 죽으면 독살로 봤다. 마지막으로 독이 몸 안으로 들어갔을 경우 입 안을 검사해도 증거를 찾을 수 없는 경우가 있었다.

---

28 유교의 기본원리인 삼강과 오상을 뜻한다.

이럴 때를 대비해서 입 안을 검사할 때 곡도, 즉 항문도 같은 방법으로 검사했다. 한성부에서 실시한 초검과 복검 모두 독살이라는 판결이 나오자 사헌부는 1537년 1월 29일, 중종에게 이 사실을 보고하면서 일반적인 살인사건이 아니라 두 아내와 딸, 사위가 연관되었으니 조옥(詔獄), 즉 의금부로 넘겨서 조사할 것을 건의했다. 포도청이 일반 백성들의 범죄를 다뤘다면 의금부는 임금의 지시를 받아서 움직이는 특별 사법기관이다. 죽은 김중량이나 고발한 김빈 모두 현직 관리가 아니었는데도 의금부로 사건이 넘어간 것은 강상과 관련된 범죄였기 때문이다.

중종의 승낙이 떨어지고 관련자들은 모두 의금부 감옥에 갇힌 채 심문을 받았다. 조선시대의 심문은 매질을 하면서 진행되기 때문에 사실상 고문이나 다름없었는데 곤장보다는 작고 회초리보다는 큰 태나 장으로 정강이를 때렸다. 대략 우리가 알고 있는 곤장은 임진왜란 전후로 사용되었으니 김중량의 후처 내은장이나 매부 정형곤은 아마 곤장 대신 태나 장을 맞으면서 죄를 추궁당했을 것이다.

보고를 받은 중종은 다음 달인 2월 6일 승정원을 통해 김중량의 죽음은 독살이 분명하니 관련자들을 엄하게 심문할 것을 지시했다. 원래 매를 때리면서 하는 심문은 사흘에 한 번씩 해야 하지만 워낙 중대한 사건이니 이틀에 한 번씩 심문하라고 덧붙였다. 거기다 김빈이 본처 철비의 딸 두리덕이 사실은 김중량의 소생이 아니라는 폭탄

발언까지 하면서 사건은 점점 일방적으로 흘러갔다. 김빈의 주장대로 본처와 후처가 다른 가족들과 짜고 김중량을 독살하고 재산을 가로채려는 게 분명해 보였다.

철비와 내은장, 그리고 두리덕이 죄를 인정하지 않고 버티자 의금부는 중종에게 삼성추국(三省推鞫)을 건의했다. 삼성추국은 삼정승으로 구성된 의정부와 사헌부, 그리고 의금부의 관리들이 합동으로 심문하는 것으로 역모 죄나 강상과 관련된 범죄자들을 대상으로 했다. 이제 누군가 죄를 자백하기만 하면 사건은 마무리되었다. 하지만 철비와 내은장은 억울하다고 주장했다.

"진범은 김빈입니다. 그 자가 자기 손으로 아버지를 죽이고 우리에게 누명을 씌운 다음 재산을 독차지하려고 흉계를 꾸민 것입니다."

이런 주장이 제기되면서 신고자인 김빈 역시 의금부 감옥에 갇혀서 조사를 받는 신세가 되었다. 양쪽의 주장이 엇갈리면서 사건의 진실이 어둠 속으로 파묻히려는 찰나 좌승지 황헌이 나섰다. 황헌은 2월 23일, 중종에게 김중량의 죽음을 명쾌하게 풀어주었다.

"내은장과 정형근 등을 거듭 심문해도 죄를 자백하지 않고 명백한 물증이 없사옵니다. 생각해 보면 이들이 김중량을 독살하려고 마음먹었다면 어찌 이리 허술하게 일을 꾸몄겠습니까?"

황헌의 주장은 철비와 내은장이 김중량을 독살하고 재산을 독차지하려고 했다면 김빈에게 죄를 덮어씌우기 위해 음모를 꾸몄어야 한다고 본 것이다.

하지만 김중량은 내은장이 가져온 미음을 먹고 바로 죽었다. 따라서 김빈에게 누명을 씌울 만한 여유가 없었다. 거기다 황헌은 검시 과정에서 일어난 문제점을 정확하게 짚어냈다. 김중량이 독살당했다는 유일한 증거는 바로 곡도, 즉 항문에 꽂은 은비녀의 색깔이 변했다는 것이다. 입 안을 조사하면서 항문도 함께 조사한 이유는 독이 몸 안으로 들어갔을 경우 밝혀내기 어렵기 때문이다. 하지만 김중량은 독이 들었다고 의심되는 미음을 제대로 삼키지 못하고 코와 입으로 토해냈다. 따라서 김중량이 미음에 든 독약 때문에 죽었다면 시신에서 독에 대한 반응은 항문이 아니라 입 안에서 나타나야만 했다. 하지만 검시 결과는 정반대로 나온 것이다. 결정적으로 김중량이 죽기 직전 먹은 미음을 김빈이 맛을 보았고, 내은장과 정형근까지 먹었지만 이상 증상을 나타낸 사람은 아무도 없었다.

황헌은 김빈이 아버지의 갑작스러운 죽음이 사이가 나빴던 철비와 두리덕, 그리고 내은장과 정형근의 음모라고 몰아세운 것이라고 판단했다. 설명을 들은 중종은 김빈이 고발한 죄인들을 즉시 풀어주고 김빈을 엄중히 조사할 것을 지시했다. 김빈이 아버지의 갑작스러운 죽음을 계기로 사이가 나빴던 다른 가족들에게 누명을 씌웠을 것이라는 황헌의 주장을 받아들인 것이다.

이렇게 황헌 덕분에 누명을 쓰고 죽을 뻔한 여러 명이 살아났다. 자신들의 조사 결과가 틀렸다는 사실에 자존심이 상한 사헌부에서 풀려난 자들을 재조사할 것을 주장했다. 중종은 그럴 필요 없다고 잘라 말했다. 거꾸로 죄인이 된 김빈은 엄중한 심문을 받았지만 역시 아버지를 독살했다는 자백을 하거나 증거를 찾아내지 못했다. 김빈까지 석방되면서 김중량의 죽음이 독살인지 아닌지, 독살당했다면 누가 범인인 것인지 영원히 밝혀지지 않았다.

하지만 억울하게 죽을 뻔했던 사람들이 황헌의 활약으로 살아났다는 것만으로도 충분히 눈여겨 볼만하다. 이 사건을 명쾌하게 풀어낸 황헌은 인종을 거쳐 명종 때까지 조정에서 활약했다. 좌의정까지 올랐지만 외척 윤원형의 탄핵을 받아 관직을 내놓고 고향으로 낙향하면서 관직 생활을 마쳤다.

황헌처럼 억울한 누명을 쓴 의뢰인을 도와줬던 탐정은?
페리 메이슨 Perry Mason 얼 스탠리 가드너 지음

변호사라고 하면 우리 머릿속에 떠오르는 이미지는 법정에서 의뢰인을 열심히 변호하는 모습일 것이다. 변호사의 본분은 의뢰인, 즉 피고의 변론을 하는 것이며 무죄를 입증하거나 혹은 형량을 낮추는 것이다. 그런데 미국의 변호사 페리 메이슨은 이러한 변호사의 이미지를 훌쩍 넘어선다. 법정에서 벌이는 그의 모든 행동은 치밀하게 계산된 것으로 배심원들을 매료시키고, 억울한 누명을 쓴 피고의 결백을 증명해 보일 뿐만 아니라 심지어는 순식간에 진범까지 밝혀내곤 한다. 작품 속에서 그의 외모는 다음과 같이 묘사된다.

"그는 듬직한 인상을 준다. 살이 쪄서 듬직한 것이 아니라 다부지고 힘 있는 듬직함이라고 할 수 있다. 넓은 어깨, 빈틈없는 얼굴, 그리고 인내력 있어 보이는 눈을 가지고 있다."

이 정도면 억울하게 궁지에 몰린 의뢰인이 신뢰를 할 만한 인상이라고 할 수 있다.

그는 의뢰인이 결백하지 않다는 직감이 들면 의뢰를 받지 않는다는 소신을 가지고 있으며, 그와 반대로 결백하다고 생각하면 어떠한 방법을 써서라도 진실을 밝혀내고자 한다. 권총 같은 무기는 들고 다니지 않지만 필요할 때는 주먹을 휘두르기도 한다. 가끔 법의 경계를 살짝 넘어선 방법으로 사건 조사에 나서다가 위험에 빠지기도 하지만 그러한 것을 전혀 두려워하지 않는 모습을 보여준다. 그는 적이 빈틈을 보일 때까지 언제까지라도 기다렸다가, 결정적 순간에 사정없는 일격을 가하는 강력한 투사이다.

문자 그대로 꺾이지 않는 사나이인 그는, 자신이 맡은 사건을 해결하기 위해서 밤낮을 가리지 않고 일한다. 그리고 위험이나 협박에도 굴하지 않으며, 확신을 가지게 되면 남들이 어떻게 생각하건 간에 자신의 지위와 명예를 거는 배짱도 가지고 있다. 그를 찾아오는 의뢰인은 언제나 곤경에 빠져 있는 상태다. 심지어는 사건을 조사하던 메이슨조차 범죄 혐의를 받을 때도 있다. 그러나 그에게는 아름다우면서도 날카로운 사고력을 가진 여비서 델라 스트리트와 미행의 달인이자 메이슨의 부탁이라면 무슨 일이건 반드시 해 내는 솜씨 좋은 사립탐정 폴 드레이크라는 훌륭한 동료들이 있다. 메이슨은 자신의 뛰어난 능력과 멋진 협력자들의 도움을 받아 반드시 사건의 진상을 밝혀내고 의뢰인의 무죄를

입증하는 데 성공한다.

물론 지방검사인 해밀턴 버거를 비롯한 공권력 측에서는 매번 수사진의 무능을 증명하는 메이슨을 달갑게 여기진 않으며, 반드시 그를 꺾으려 벼르고 있다. 다만 아쉽게도 능력이 부족해서 독자는 그들이 승리하는 모습을 볼 수가 없다.

기묘한 의뢰인이 찾아와 이야기를 꺼내면서 시작되는 수많은 페리 메이슨의 사건은 어찌 보면 매우 단순하다. 간단히 요약하자면 '페리 메이슨은 무고한 의뢰인의 결백을 증명하고 법정에서 진범을 밝힌다'는 것이다. 그러나 메이슨의 활약은 이러한 일관된 단순함을 느낄 수 없을 정도의 기발한 아이디어를 발휘해 독자를 매료시킨다.

형사 변호사인 그는 자신과 동료가 모은 증거, 그리고 법률전문가로서의 지식과 타인을 설득할 수 있는 유창한 변론 실력이라는 여타 탐정들이 갖고 있지 않은 그만의 무기로서 법정에서 최후의 결판을 벌인다. 변호사답게 무죄면 무죄, 유죄면 유죄를 확증해야 직성이 풀리기 때문에 일단 사건을 맡게 되면 직접 나서는 편이다. 때로는 경찰보다 앞서서 사건 현장에 뛰어들 때도 있다. 가끔씩은 의뢰인에게 고압적이거나 거친 면을 보이기도 하지만 그것은 그의 성격이라기보다는 사건 전체를 보면서 충분한

숙고 끝에 나온 행동이 대부분이다. 법정에서 불리해 보이는 상황을 뒤엎고 의뢰인의 신뢰에 반드시 보답하는 페리 메이슨은 약자의 보호자이자 정의의 수호자이기도 하다. 억울한 사연이 있는 사람이라면 그에게 모든 것을 맡겨도 좋을 만큼 확실한 변호사라고 할 수 있다.

7. 어머니의 누명을 벗기다
이순

선조 22년 (1589년), 10월 6일

아이는 어른들을 따라 어머니를 만나러 갔다. 어느 날 갑자기 사라진 어머니를 보러 간다는 생각에 아이는 기쁜 마음에 사규삼(四䙆衫)[29]을 차려입고 복건을 쓴 채 하인 자근동이의 등에 업혔다. 하지만 함께 가는 어른들의 표정은 밝지 않았다. 등에 업혀서 한참을 가던 아이는 어머니와 함께 정월 대보름날 다리 밟기[30]를 했던 광통교를 지나 운종가에 접어들자 궁금함을 못 참고 자근동이에게 물었다.

"어머니 만나러 가는 거 맞아?"

---

29 조선시대 사내아이가 성인이 되기 전에 입던 옷.
30 정월 대보름날 다리를 밟으면 무병장수한다는 것으로 고려 때부터 이어져 온 풍습이다.

"맞습니다요. 도련님."

"우리 어머니 어디 있어?"

고개를 쏙 뺀 아이가 좌우를 두리번거리면서 묻자 자근동이는 대답 대신 울먹거리기만 했다. 고개를 갸웃거린 아이는 말귀를 못 알아듣는 자근동이의 귀를 잡아당겼다.

"어머니 어디 있냐고?"

"저, 저기 있습니다요."

아이는 자근동이가 턱으로 가리킨 곳을 바라봤다. 소매가 없는 남색 저고리에 챙이 달린 둥근 모자를 쓴 군인들이 창을 들고 문을 지키고 있는 게 보였다. 그 앞으로는 사람들이 얼씬도 하지 않았다. 앞장서 가던 청지기가 잽싸게 달려가서 문을 지키고 있던 군인들에게 굽실거리면서 뭔가를 얘기했다. 처음에는 손사래를 차던 군인들은 청지기가 소매에서 꺼낸 것을 건네주자 옆으로 비켜섰다. 자근동이의 등에 업혀서 들어가던 아이는 큰 문의 현판에 걸린 글씨를 또박또박 읽었다.

"의금부(義禁府)."

안으로 들어가자 야트막한 기와담장과 지붕들이 미로처럼 펼쳐졌다. 어른들은 미리 와본 듯 능숙하게 걸음을 옮겼다. 아이는 안으로 들어갈수록 기분이 나빠졌다. 집에서는 맡을 수 없었던 쾨쾨한 냄새와 어디선가 들려오는 신음소리 때문이었다. 아이는 자근동이의 귀를 잡아당겼다.

"무서워. 집에 가자."

"어머니 만나셔야죠. 좀 만 더 가면 됩니다요."

거의 울먹거리는 목소리로 자근동이가 말하자 아이는 괜히 슬퍼졌다. 작은 쪽문을 지나자 낯선 풍경이 눈에 들어왔다. 굵은 기둥을 벽 대신 촘촘히 세워놓고 두꺼운 판자로 문을 만들어놓은 방 안에는 큼지막한 나무판을 목에 쓴 사람들이 엉거주춤 앉아 있었다. 가까이 갈수록 측간에서나 맡을 수 있던 냄새가 나자 아이는 자근동이의 등에 얼굴을 파묻으면서 물었다.

"여기 어디야?"

"의금부 감옥입니다."

한숨을 푹 쉰 자근동이의 말에 아이가 반문했다.

"감옥?"

감옥이라고 불린 이상한 방 가까이로 간 청지기가 갑자기 흐느꼈다. 함께 온 친척들도 굵은 기둥을 붙잡고 울었다. 아이를 업고 있던 자근동이도 어깨를 떨면서 울었다.

"마님. 도련님 모시고 왔습니다요."

한참 울던 자근동이의 말에 감옥 안에 있던 누군가가 고개를 드는 것이 보였다. 덜컥 겁이 난 아이는 자근동이의 등에 어깨를 파묻었다.

"도련님. 마님이십니다요."

"싫어. 어머니 아니야."

아이는 강하게 고개를 저었다. 그럴 리가 없었다. 아침에 문안인사를 가면 늘 단정하게 쪽을 진 머리에 치마저고리를 입고 앉아서 기다리던 어머니였다. 그윽하게 풍겨오던 분 냄새가 없었다. 저렇게 헝클어진 머리에 피와 고름으로 얼룩진 지저분한 옷을 입은 여인이 어머니일 리가 없었다. 아이가 자근동이의 등에 매달려서 울부짖자 감옥 안에 있던 여인이 아이를 쳐다봤다.

"순아! 순이 맞느냐?"

틀림없는 어머니의 목소리였기 때문에 아이는 어리둥절했다. 평소의 어머니는 어디가고 이렇게 이상한 모습을 하고 있는 것일까? 호기심에 못 이긴 아이는 자근동이의 등에서 내려와 감옥 쪽으로 걸어갔다. 엉금엉금 기어온 어머니가 굵은 통나무로 사이로 손을 뻗었다. 딱지가 앉은 손등은 피로 얼룩져 있었다.

"우리 아들 못 보고 가면 어쩌나 걱정했는데 이리 보게 되니까 죽어도 소원이 없구나."

아이는 울고 있는 어머니의 손을 꽉 붙잡았다.

"어머니. 어찌 집을 놔두고 이런 데 계십니까? 소자와 함께 집으로 가시지요."

아이의 말에 자근동이를 비롯한 어른들이 한숨만 내쉬었다. 어머니는 아이의 손을 고쳐 잡으면서 말했다.

"어미는 사정이 있어서 여기 좀 더 있어야 한다. 외삼촌이 잘 돌봐주실 것이니 우리 순이는 집에서 공부 잘 하고 있거라. 그럼 이 어미가 돌아가마."

"지금 저랑 같이 가시면 안 돼요? 자근동아. 어서 이 문을 열어라."

아이는 자근동이가 시키는 대로 하지 않자 힘껏 꾸짖었다.

"어서 문을 열라고 했잖아."

자근동이가 계속 서서 문을 열지 않자 아이는 발로 힘껏 걷어찼다. 그러자 감옥 안의 어머니가 떨리는 목소리로 말했다.

"우리 순이 효자로구나. 이 어미를 잊지 말아다오."

아이가 그 말을 하고 우는 어머니를 쳐다보는 순간 등 뒤에서 와자지껄한 소리가 들려왔다. 고개를 돌린 아이는 검은색 조끼에 푸른 띠를 가슴에 매고 뾰족한 고깔을 쓴 험상궂은 사내들을 봤다. 성큼성큼 걸어온 사내들은 열쇠로 문에 달린 큼지막한 자물통을 열고는 다짜고짜 어머니를 끌고 갔다. 놀란 아이의 어깨를 자근동이가 잡았다.

"도련님. 가만히 계십시오. 안 그러면 나장(羅將)[31]들이 가만 안 있을 겁니다."

나장들에게 양팔이 붙잡힌 채 질질 끌려가는 어머니가 힘겹게 고개를 돌려서 아이를 쳐다봤다. 살포시 웃은 어머니는 곧 문 밖으로

---

31 의금부 등에 배치된 하급 관리로 죄인을 고문하거나 감옥을 지키는 일을 했다.

사라졌다. 자근동이를 비롯한 집안 어른들이 통곡을 했고, 괜히 슬퍼진 아이는 어른들을 따라서 울기 시작했다. 그것이 아이가 본 어머니의 마지막 모습이었다.

"주인마님. 주무십니까?"

자근동이의 목소리에 대청의 기둥에 기댄 채 앉아 있던 이순은 눈을 떴다. 늙은 자근동이가 소매로 이순의 탕건에 묻은 땀을 닦아줬다.

"어가 행렬은 도착했느냐?"

이순의 물음에 자근동이가 대답했다.

"곧 훈련원 앞을 지난다는 기별이 왔습니다."

어머니가 죽고 몇 년 후 임진왜란이 터졌을 때도 이순은 자근동이의 등에 업혀서 피난을 갔다. 그 후 왜군이 물러간 한양에 돌아왔을 때도 자근동이의 등을 빌렸다. 이제 자근동이는 더 이상 이순을 업지 못했지만 늘 옆을 지켰다. 마른 침을 삼킨 이순이 말했다.

"13년 전 꿈을 꾸었느니라."

"그때 말씀이시옵니까?"

자근동이가 조심스럽게 묻자 이순은 고개를 끄덕거리면서 일어났다. 자근동이가 작은 징과 채를 건네줬다. 징과 채를 건네받은 이순이 반쯤 열린 문을 열고 밖으로 나갔다. 기다리고 있던 일가친척들과 하인들이 일제히 고개를 숙였다. 이순은 그들을 지나쳐 큰 길로 나섰다. 덕흥대원군(德興大院君)[32]의 능으로 향하는 임금의 어가행렬이 보였다. 길가에는 구경나온 백성들과 그들을 막는 군졸들이 보였다. 성큼성큼 걸어간 이순이 사람들을 제치고 길가로 나서자 구군복을 입고 환도를 찬 훈련원 참군이 호통을 쳤다.

"감히 어디를 넘어오려고 하느냐?"

"억울한 사정이 있어서 격쟁(擊錚)[33]을 하러 왔소이다."

"격쟁을 금한다는 금령이 계셨다. 물러나지 않으면 참하겠다."

이순의 대답을 들은 참군이 환도를 뽑아들었다. 주변에서 구경하던 백성들이 슬금슬금 피했다. 그들 틈에 선 자근동이가 얼른 돌아오라고 손짓하는 게 보였다. 이순은 눈을 부라리고 있는 참군에게 말했다.

"난 여기서 한 발자국도 물러나지 않겠소. 베시려면 베시구려."

단호한 그의 목소리에 눌린 참군이 환도를 쥔 손을 고쳐 잡았다. 그 사이 먼발치서 연(輦)[34]이 보였다. 심호흡을 한 이순은 있는 힘껏 징을 치면서 소리쳤다.

"13년 전 억울하게 죽은 어머니의 사정을 고합니다. 어머니의 억울함을 풀어주소서."

---

32 선조의 아버지 덕흥군은 아들이 왕위에 오르면서 덕흥대원군이 되었다.
33 억울한 사정이 있는 백성이 임금의 행차 앞을 가로막고 북과 징을 쳐서 사정을 고하는 것.
34 임금이 거둥을 할 때 타는 가마.

이순이 목청껏 외치자 따라온 일가친척들과 하인들이 일제히 울부짖었다. 이순은 다가오던 연이 멈추는 것을 봤다. 참았던 눈물이 쏟아졌다.

임금에게 억울함을 호소하다

실제로 이순은 임금의 행차를 가로막고 격쟁이 한 것이 아니라 상언(上言)[35]을 통해 어머니의 누명을 벗겨줄 것을 청했다. 그가 임금인 선조에게 호소한 사건은 13년 전에 벌어진 터무니없고 이상한 죽음과 그것 때문에 벌어진 또 다른 죽음이었다. 1589년 8월의 어느 날, 사랑채에서 덕성감 윤과 담소를 나누던 윤백원은 딸이 보낸 율무죽과 첩이 준 삶은 쇠고기를 나눠 먹었다. 그러고는 먹은 것을 토해내고는 의식을 잃었다가 얼마 후, 세상을 떠났다. 윤백원과 함께 음식을 나눠 먹던 덕성감 윤도 구토를 하고 며칠 동안 의식을 잃은 채 사경을 헤매다가 겨우 살아났다. 무소불위의 권력을 휘둘렀던 문정왕후의 조카였던 그는 중종의 맏딸 효혜공주의 딸 김씨와 혼인했다. 인

---

[35] 일반인이 올리던 상소의 일종이다.

종이 사망하고 대윤이라고 불리는 윤임이 몰락하자 그는 외척으로서 권세를 누렸다. 하지만 아버지인 윤원임이 작은 아버지인 윤원형과의 세력다툼에서 패하고 죽음을 맞이하면서 그 역시 멀리 유배를 떠난다. 그의 유배는 문정왕후가 죽고 윤원형이 처벌된 후에야 끝났다. 한양으로 돌아온 그는 별다른 관직을 맡지 못했지만 명종의 외척으로서의 존재감은 두드러졌다. 그런 그가 대낮에 사랑채에서 갑작스럽게 세상을 떠났으니 집안이 발칵 뒤집혔다.

당장 그의 첩 복이의 아들 윤덕경이 윤백원의 딸이자 이홍원의 아내였던 개미치가 보낸 율무죽에 독이 들어 있다며 사헌부에 소장을 제출했다. 개미치 역시 윤백원의 첩이 보낸 삶은 소고기에 독이 들어 있다면서 형조에 소장을 제출했다. 둘 중 누가 범인이든 딸과 첩이 아버지이자 남편을 살해한 것이기 때문에 강상죄에 해당되었다. 초검은 한성부의 참군 이뇌와 서부참봉 유영충이 맡았다. 독살이 의심되었기 때문에 아마 윤백원의 시신에 대한 검시는 독약의 복용여부를 확인하는 것에 초점이 맞춰졌다. 하지만 은비녀를 비롯한 법물을 통해서는 독살의 흔적을 찾을 수 없었다. 그럼에도 불구하고 위에서 거듭 사인을 밝히라고 재촉하자 두 사람은 정상적인 죽음이 아닌 비상치사(非常致死)라는 애매모호한 결론을 내렸다. 그러자 사간원에서 제대로 조사하지 않은 두 사람을 파직하고 재검할 것을 건의했다. 재검을 맡은 의금부도사 우도전과 형조좌랑 이원은 인독치사(因毒致死), 즉 독을 복용해서 사망한 것이라고 보고했다. 보고를 받은 형조에서는 선조에게 사건의 중대성을 고려해서 의금부에서 조사할 것을 청했다. 선조는 번거롭게 하지 말라면서 그냥 형조에서 조사하라고 지시했지만 대신들이 벌떼처럼 들고 일어나자 할 수 없이 승낙했다. 신하들은 심문도 삼성 교좌(三省交坐), 그러니까 사헌부와 한성부, 형조의 관리들이 합동으로 할 것을 주장했다. 세 관청의 합동심문은 주로 반역죄나 강상죄에 대해서 이뤄졌다는 점을 감안하면 이 사건이 얼마나 큰 파장을 일으켰는지 짐작할 수 있다.

심지어 선조는 윤백원의 죽음에 대한 조사가 진행되고 있다는 이유로 9월 16일에 춘당대에서 열리는 과거시험 참관도 취소했다. 덕성감 윤을 비롯해서 현장에 있던 집안사람들이 하나같이 윤덕원이 딸과 첩 복이가 보낸 음식을 먹고 갑작스럽게 사망했다고 하면서 자연스럽게 독살에 의한 죽임이라는 인식이 굳어져 갔다. 남은 건 누구의 소행이냐는 것이다. 9월 18일, 윤백원의 딸 개미치가 끌려와서 심문을 받았다. 사실 개미치와 윤백원의 사이는 그다지 좋지 않았다. 갈등의 원인은 재산 상속문제였다. 윤백원의 아내인 효혜공주의 딸 김씨는 개미치를 낳고 세상을 떠났다. 그러자 윤백원은 첩을 들이고 아들 윤덕공과 윤덕경을 낳았다. 그러면서 자연스럽게 개미치와 윤백원의 사이가 나빠졌다. 계모를 들였다는 것과 더불어서 재산 상속 문제 때문에 갈등이 벌어진 것으로 보인다. 조선 후기라면 아들이 없을 경우 일가친척에게서 양자를 들여서 상속했겠지만, 이 즈음까지는 여성의 상속권이 인정되었다. 따라서 윤백원의 재산은 정실부인의 유일한 소생인 개미치에게 상속되어야만 했다. 하지만 윤백원은 자신이 그 재산을 독차지하면서 개미치와 사이가 벌어졌다. 이런 와중에 윤백원이 개미치가 보낸 율무죽과 첩이 보낸 삶은 소고기를 함께 먹고 갑작스러운 죽음을 맞이했으니 양쪽이 서로를 의심한 것은 당연했다. 하지만 이 사건을 조사하던 관리들은 개미치를 의심했다. 사실 윤백원의 첩과 그 아들들은 살인을 저지를 이유가 없었다.

윤백원이 사망한다면 개미치와 재산상속문제로 갈등이 벌어질 게 뻔했기 때문이다. 윤백원이 개미치와 사이가 나쁘고, 첩에게서 난 두 아들을 사랑했다고 해도 정실부인 소생이 아니기 때문에 재산 상속에 있어서는 절대적으로 불리했다. 거기다 이 사건을 기록한 실록에는 당시 심문을 맡은 관리가 팔을 걷어붙이고 큰 소리로 윤씨가 아버지를 죽인 것이 틀림없다며 목소리를 높였다고 적혀 있다. 아무래도 딸이 아버지와 재산 다툼을 벌였다는 것이 상당히 안 좋은 인상을 준 것 같다. 더군다나 행실이 좋지 않았다는 언급까지 있었던 것으로 봐서는 과부가 된 후 남자와 관련된 추문이 있었던 것으로 보인다. 하지만 보고를 받은 선조는 아무래도 미심쩍었는지 2품 이상의 당상관들의 의견을 구했다. 하지만 당상관들 역시 의견이 나뉘면서 결론이 나지 않았다. 결국 재조사 지시가 떨어졌다. 이런 와중에 매를 맞으면서 심문을 받던 개미치가 10월 6일, 세상을 떠났다. 비슷한 시기에 윤백원의 첩 복이 역시 심문을 받다가 죽고 말았다. 두 용의자가 매질에 못 이겨 차례로 죽어버리면서 자연스럽게 조사는 중단되어버렸고, 사람들의 기억 속에서 사라져버렸다. 몇 년 후 임진왜란이 터지고, 7년 동안 조선 땅이 전쟁터가 되어버렸다. 기나긴 전쟁이 끝나면서 다시금 평화가 찾아왔다. 사람들은 아픔을 뒤로 한 채 남은 삶을 살아갔다. 하지만 과거의 기억을 고스란히 간직하고 있는 이가 있었다. 개미치의 아들 이순이었다. 1602년 10월 19일, 마침내 그는 어머니의 누명을 벗기기 위한 싸움을 시작한다. 단순히 억울함을 호소한 것이 아니라 새로운 용의자를 지목한 것이다. 이순이 지목한 용의자는 죽은 외할아버지 윤백원의 서얼 형제인 윤조원과 윤승원 형제였다. 이순은 두 사람 중 윤조원이 자신의 어머니와 사이가 나빴다면서 그가 배후에서 조카인 윤덕경을 꾀어서 소장을 제출하도록 조종했다고 주장했다. 그리고 결정적인 얘기를 했다.

"외할아버지께서는 어머니를 미워하셔서 음식을 드려도 의심하고 드시지 않았습니다. 그런데 어찌 어머니가 보낸 율무죽을 그냥 드시겠습니까? 그리고 초검 때는 독살의 흔적이 나오지 않았습니다. 다만 음식을 먹은 직후 갑자기 구토를 하고 숨을 거두자 독약을 먹은 게 아닌 것인가 막연히 의심을 한 것이옵니다. 어머니와 사이가 나빴던 윤조원이 외할아버지께서 갑작스럽게 세상을 떠나자 어리석은 조카 윤덕경을 꾀어서 소장을 제출하고 누명을 씌운 것입니다."

이순의 주장을 들은 선조는 찜찜함이 남아 있었는지 재조사를 지시한다. 그리고 조사 과정에서 이순의 주장이 모두 사실임이 밝혀졌다. 끌려온 윤덕경은 곧장 사실을 털어놨다.

"삼촌인 윤조원과 그 동생 윤승원이 개미치와 오래된 원한이 있어서 우리들을 충동질해서 소장을 제출하도록 했습니다."

아마 이순은 어머니의 무죄를 밝히기 위해 오랫동안 사건을 조사하며 준비했을 것이다. 윤백원의 사망 당시 초검관과 복검관들이 눈치 채지 못했던 윤조원과 어머니의 갈등을 전면에 부각시켰다. 그리고 실록에 흥미로운 기록이 보인다. 재산이 많던 이순이 돈을 미끼삼아 윤덕경과 사사롭게 화해를 하고 설득을 시켜서 진상을 자백시켰다는 것이다. 그 이유 때문인지 이순은 어머니의 원수라고도 할 수 있는 윤덕경을 살려달라는 뜻밖의 요청을 하기도 한다. 이순은 금전적인 보상을 미끼로 윤덕경에게 어머니의 죽음에 얽힌 진실을 알아냈고, 그걸 토대로 임금에게 상언을 했던 것이다. 조사를 통해 윤백원의 죽음을 계기로 개미치를 모함한 윤조원이 주모자, 그가 시키는 대로 소장을 제출한 윤덕경은 공범으로 판정이 났다. 신하들은 삼촌인 윤조원이 시키는 대로 했을 뿐이고, 그 일로 말미암아 어머니인 복이가 세상을 떠난 윤덕경에게 가벼운 처벌을 건의했다. 하지만 선조는 그릇된 고발로 인해 어머니까지 죽이게 만들었으니 진정한 불효자라며 용서할 수 없다는 뜻을 비쳤다.

 11월 20일, 심문을 받던 윤조원과 윤승원 형제가 13년 전의 개미치와 복이처럼 매에 못 이겨 세상을 떠나고 말았다. 반면 의금부로 이송됐던 윤덕경은 직접 가담하지 않았다는 이유로 석방되었다가 이 소식을 들은 선조의 명령으로 다시 갇히고 말았다. 이 사실을 실록에 적은 사관은 이순이 조정의 요직에 있는 친척들을 동원해서 석방운동을 하고 있다는 점을 언급했다. 윤조원과 윤승원의 죽음에 대해서 친절하게 알려줬던 실록은 윤덕경의 최후가 어땠는지는 알려주지 않았다. 그렇다면 윤백원의 사망 원인은 무엇이었을까? 사망 당시의 모습은 독살처럼 보였지만 초검 때 독에 대한 반응이 안 나왔다. 음식을 먹고 구토를 한 것은 사실이니까 율무죽과 삶은 소고기중 하나, 혹은 둘 다 상했을 가능성이 높다. 더군다나 윤백원이 죽은 8월 달은 더운 날씨라 음식이 상하기 쉬웠다. 윤백원의 사망원인이 무엇이었든지 간에 최소한 개미치가 독약을 써서 죽였다는 판결은 취소되었다. 이순이 13년간 꿈꿔왔던 순간이 이뤄진 것이다.

이순처럼 가족 혹은 친구의 누명을 벗겨내기 위해 노력했던 탐정은?

해리 보슈 Harry Bosch 마이클 코넬리 지음

해리 보슈는 할리우드 경찰국의 외로운 코요테 같은 존재다. 그의 본명은 히에로니머스 보슈. 끝 발음이 '무명(anonymous)'과 같다고 언제나 설명해 주어야 할 정도로 독특한 그의 이름은 어머니가 15세기 네덜란드에서 활동했던 화가 '히에로니무스 보슈'에서 따온 것이다.

보슈는 6피트(약 180cm)에 모자라는 키이지만 근육질의 강단 있는 체격이며, 콧수염을 기르고 있다. 눈 색깔은 검은색에 가까운 갈색이고 머리도 갈색이다. FBI 요원 레이철 월링이 유명한 TV의학 드라마인 「하우스」의 주인공인 그레고리 하우스와 닮았다고 하는 말에서 외모를 짐작할 수 있다.

그가 11살이던 무렵, 매춘부였던 어머니가 살해된다. 어린 시절 어머니의 죽음은 그의 인생에 큰 전환점이 될 수밖에 없었으며 위탁가정에서 성장기를 보내야 하는 어려운 경험을 맞이한다. 가정을 벗어난 그는 군에 입대해 월남전에 참전한다. 그곳에서 그는 땅굴 쥐, 즉 베트콩의 주 이동로인 땅굴을 수색하고 폭탄을 설치

하는 임무를 맡는다. 제대한 이후 외상 후 스트레스장애치료를 받아야 했을 정도로 정신적인 고통을 주었던 이 임무는 20년이 지나도록 그에게 악몽을 안겨주고 있다.

홀어머니 밑에서 자라다가 결국은 혼자 성장한 그의 가족관계는 세월이 흐르면서 차츰 밝혀진다. 그의 아버지는 유명한 변호사 마이클 할러로 세상을 떠나기 직전 단 한 차례 만난다. 이복동생인 미키 할러 역시 로스앤젤레스에서 활동하는 변호사로, 훗날 보슈와 사건 때문에 의도하지 않게 조우한다. 여성관계는 아버지 못지않게 복잡한데, FBI 요원이었던 엘리너 위시, 죽은 동료의 아내 실비아 무어, 그리고 레이철 월링 등과 관계를 맺지만 모두 헤어진다. 전처였던 엘리너와의 사이에서 태어난 유일한 혈육인 딸 매디가 있다.

제대 후 로스앤젤레스 경찰에 들어간 그는 곧 형사로 승진하여 강력반에서 5년간 근무하며 상당한 실적을 올린다. 그러나 상관이나 동료가 보기에는 다분히 비정상적인 수사방식으로 눈총을 받았다. 결국 무장하지 않은 상태로 있던 인형사라는 별명을 가진 여성 연쇄 살인범을 사살한 것이 과잉 대응이라는 문제가 되어 할리우드 경찰서로 좌천되었다. 하지만 그곳에서도 수사를 위해서는 외압이나 부당해 보이는 상관의 지시를 정면으로 거부하는 등, 자신의 스타일을 고집한다. 덕분에 내사과의 눈 밖에 나서 여러 차례 곤경에 빠지기도 한다. 그와 함께 수사를 했던 FBI 요원은 보슈가 언제나 자기가 원하는 것만 추구한다고 하면서 독선적인 수사방식을 비난할 정도다. 하지만 그의 강력한 직감은 가끔 틀릴 때도 있지만 대부분이 그의 수사 경력에 도움을 주어 왔다.

그가 수사한 사건을 바탕으로 한 TV 드라마가 제작되었을 정도로 대중에게도 알려져 있으며 그로 인해 제법 많은 수입이 생겨 할리우드 힐스에 전망 좋은 집을 구입했다. 그는 이 집을 매우 아꼈지만 지진으로 무너지면서 낙심하기도 한다. 다시 같은 지역에 새 집을 지어 살고 있다. 『라스트 코요테』에서는 로스앤젤레스의 지진으로 자신의 집이 무너지고 연인과의 관계가 흔들리자 과음까지 겹쳐서 징계를 받고 정신과 상담 명령을 받는다. 앞에서도 언급했던 유년 시절 어머니의 비극적 죽음에 대한 의문을 품고 있던 그는 이 시기를 틈타 30년 전에 일어났던 사건의 진상을 밝히기로 결심한다. 미비한 과거의 기록과 증거물 탓에 처음부터 사건을 재구성한 그는 결국 진범을 밝혀내고 악몽에서 벗어날 기회를 마련한다.

한때 경찰로서의 활동에 염증을 느끼고 퇴직해 사립탐정으로 활동하면서 과거 자신이 다루었던 미해결사건, 연쇄살인범의 추적에도 나서다가 3년 만에 다시 로스앤젤레스 경찰로 복귀한다. 제도권 내부의 일을 하면서도 언제나 아웃사이더와 같은 존재인 그는 강박적일 정도의 집착을 통해 사건의 겉모습만이 아닌 사건의 내면까지 바라보며 진실을 추구하고 있다.

8. 부당한 수사에 맞선 용감한 선비들
이유달, 이민구, 목서흠

인조 10년 (1632년) 1월 21일

  중부의 수진방(壽進坊)[36]에 있는 집으로 돌아온 사헌부 장령 이유달은 저녁을 먹고 잠자리에 들었다가 밖에서 들려오는 시끄러운 소리에 잠에서 깼다. 십대의 나이에 임진왜란을 겪었고, 정묘년에 후금 군이 쳐들어 온 게 불과 6년 전이었다. 잠에서 깬 이유달은 대청 밖으로 나갔다. 행랑채에서 자고 있던 하인 소매금도 소리를 듣고 잠에서 깼는지 눈을 비빈 채 뜰에 서 있었다.
  "무슨 일인데 한밤중에 이리 소란스럽단 말이냐?"

---
36 조선시대 한양의 오부 중 중부에 속한 행정구역으로 오늘날의 종로구 수송동과 청진동의 일부다.

"쇤네가 잠깐 나가보고 오겠습니다요."

소매금이 쪽문을 통해 밖으로 나갔다가 돌아오는 사이 이유달은 대청에서 기다렸다. 눈치 빠른 청지기가 담배를 꾹꾹 눌러 담은 장죽과 재떨이를 가져왔다. 밖에서는 고함소리와 울음소리가 들려왔다. 담배를 거의 피울 무렵 소매금이 돌아와서 말했다.

"길 건너편에 사는 양효일[37]의 집에 빚을 받으러 온 사람들이 소란을 피운 모양입니다."

"양효일이라면 승정원의 장무서리(掌務書吏)[38]인데 그 자가 빚을 졌던 말이냐?"

궁궐 안에서 양효일과 몇 번 마주친 적이 있던 이유달이 묻자 소매금이 고개를 저었다.

"그 사람이 아니고 동생 양선남이랍니다. 양선남이 명나라에 사절단을 따라갔다가 동지사 윤안국 대감과 함께 물에 빠져 죽었사온데 그 전에 진성군에게 은을 빌렸던 모양입니다. 그래서 진성군이 일족에게서 징수한다고 집안의 건장한 노비들을 보내서 행패를 부린 모양입니다."

"저런, 아무리 빚을 받는다고 해도 이렇게 난동을 부릴 수가 있단 말이냐?"

---

37 승정원 일기에 양효일과 양효익이 번갈아 나온다. 아마 옮겨 적으면서 잘못 적은 듯하다.
38 서리들의 우두머리란 뜻으로 실무책임자를 뜻한다.

이유달이 혀를 차자 소매금이 고개를 조아렸다.

"그뿐만이 아니라 양효일의 집 앞에 다 죽어가는 노파를 버려두고 갔답니다. 집안사람들이 노파를 돌보려고 하자 못 만지게 하고 만약 목숨이 끊어지면 살인죄로 처벌받을 것이라고 협박했답니다."

"무엇이라고? 아무리 그렇다고 한들 사람 목숨을 가지고 수작을 한단 말이냐?"

어이가 없어진 이유달이 말하자 소매금이 고개를 저었다.

"사실은 이번뿐만이 아니라 그 전에도 몇 번이고 다 죽어가는 사람을 문 앞에 버려뒀다고 합니다. 동네 사람들이 있을 수 없는 일이라고 분개해서 날이 밝는 대로 연명으로 형조에 고발한다고 합니다."

"모범을 보여야 할 종친이 사람 목숨을 가지고 행패를 부리다니……"

소매금의 얘기를 듣고 어이가 없어진 이유달이 중얼거렸다. 정묘년에 쳐들어 왔다가 화약을 맺고 돌아간 후금군의 동태가 심상치 않았다. 조정에서는 명과 후금 사이에서 어찌할 바를 모르고 갈팡질팡하고 있고, 민심은 어지러웠다. 그런데 나라의 근본이라고 할 수 있는 종친이 이런 패악한 짓을 저지르다니 있을 수 없는 일이었다. 나라의 앞날을 생각하니 눈앞에 깜깜해진 이유달은 손에 든 장죽을 물끄러미 내려다봤다.

다음날 입궐할 준비를 하던 이유달은 한밤중에 양효일의 집 앞에 버려진 병자가 죽었다는 소식을 들었다. 혀를 찬 이유달은 궁궐로 가서 곧장 승정원으로 향했다. 마침 숙직을 마치고 집으로 갈 준비를 하던 우승지 이민구가 반갑게 그를 맞이하고는 의자를 권했다. 그보다 세 살 많은 이민구는 임자년(1612년)에 함께 과거에 급제한 사이라 십 년 넘게 친분을 유지하고 있었다. 이유달의 표정이 심상치 않은 것을 본 이민구가 말했다.

"무슨 일인가?"

"진성군 때문에 상의드릴 일이 있습니다."

그의 입에서 진성군의 이름이 나오자 이민구의 표정이 굳어졌다. 이유달은 주변에 아무도 없는 것을 확인하고는 어젯밤과 오늘 아침에 봤던 일들을 털어놨다. 얘기를 들은 이민구는 어이가 없다는 표정으로 말했다.

"거참, 부족한 것 없는 분이 왜 그런 짓을 한단 말인가?"

"생각 같아서는 상소를 올리고 싶지만, 돈에 관련된 문제라 오해를 받을 염려가 큽니다."

"하긴……"

이민구가 같은 생각이라는 듯 고개를 끄덕거렸다.

"그래서 동네 사람들이 연명으로 형조에 고발한다고 해서 제 이름도 적을 생각입니다."

"잘 생각해 보게. 이 정도 짓을 저질렀다면 더 한 짓도 저지를 것이야."

"더한 짓이라니요?"

이유달의 반문에 이민구가 한숨을 쉬면서 대답했다.

"겨우 숨만 붙어 있는 사람을 집 앞에 버려뒀다는 얘기는 죽은 다음에 살인죄를 씌워서 협박하려는 수작 아니겠는가?"

"빚을 받자고 그런 짓까지 한답니까?"

"그러고도 남을 분이지."

얘기를 주고받던 두 사람은 등 뒤에서 들려오는 목소리에 깜짝 놀라 자리에서 일어났다.

목소리의 주인공은 작년에 승지로 임명된 목서흠이었다. 두 사람은 거의 스무 살이나 많은 그를 몹시 어려워했다. 성큼성큼 안으로 들어온 목서흠이 빈자리에 앉았다.

"본의 아니게 얘기를 들었네."

"아닙니다. 그럼 이만……"

서둘러 인사를 한 이유달이 일어서서 승정원을 나가려고 하자 목서흠이 물었다.

"그 일에 연루되면 자네한테도 좋을 게 없을 거야."

비웃는 것 같은 말투에 발끈한 이유달이 돌아섰다.

"나라의 녹을 먹는 관리가 잘못된 일을 눈 감으란 말씀이십니까?"

"아무리 진실된 일이라도 해도 큰 힘 앞에서는 거짓말로 바뀔 수 있는 법일세. 자네도 충분히 알만한 나이 아닌가?"

느긋한 목서흠의 말에 이유달이 고개를 저었다.

"잘못된 것은 바로잡아야 하는 게 제 할 일입니다."

"그렇다면 힘껏 해 보게."

부드러운 목소리로 말한 목서흠이 옆에 있던 이민구의 어깨를 쳤다.

"나와 우승지도 힘껏 돕겠네. 안 그런가? 우승지."

"당연하지 않습니까?"

얼떨결에 대답한 이민구가 이유달을 향해 활짝 웃었다. 그날 저녁, 집으로 돌아온 이유달은 하인 소매금이 가져온 고소장에 이름을 적어 넣었다.

그 남자가 돈을 받아내는 방법

사채업자들은 채무자에게 빚을 받아내기 위해 보통 사람들이 상상하지 못하는 협박과 공갈을 한다. 그 밖에 권력과 결탁해서 채무자를 괴롭히기도 하는데 조선시대에도 비슷한 방법들이 쓰였다.

1632년 1월 21일 밤, 사헌부 장령 이유달이 사는 동네에서 정체 모를 괴한들이 소란을 피운 것도 이런 이유 때문이었다. 승정원의 하급

관리였던 양효일의 동생 양선남도 같은 직업에 종사했다. 신분과 직업이 세습되는 게 당연했던 조선시대에는 형제나 부자가 같은 일에 종사하는 게 비일비재했다. 비극은 양선남이 동지사 윤원군과 함께 명나라에 갔다가 북경에서 물에 빠져 죽으면서 시작되었다. 실록에는 윤원군의 죽음만 기록되어 있는데 아마도 이때 양선남도 함께 빠져 죽은 것으로 보인다. 죽은 양선남은 명나라로 가기 전에 종친인 진성군으로부터 은을 빌린 상태였다. 진성군은 양선남이 죽자 빌려준 은을 형인 양효일에게 내놓으라고 협박했다. 그리고 거절당하자 건장한 종들을 집으로 보내서 행패를 부렸다. 그리고 상당히 독창적이면서도 끔찍한 방법으로 빚을 받아내려고 했다. 다 죽어가는 노파를 그 집 대문 앞에 버려둔 것이다. 그 전에도 병든 여종을 양효일의 집 앞에 버렸다가 그 집에서 거둬서 치료하면 데리고 간 일을 반복했다는 것을 봐서는 이런 방법을 즐겨 쓴 것으로 보인다. 그리고 이번에는 정말로 다 죽어가는 노파를 버렸다. 그날 밤의 혼란한 와중에 노파가 사망하자 그녀의 딸이자 진성군의 종인 금춘이 다음날 양효일을 형조에 고발했다.

"어젯밤 인정 즈음에 상전의 분부로 빚을 받으러 갔는데 양효일과 양선원이 저를 구타했습니다. 이 소식을 들은 저의 어머니가 달려왔다가 두 사람에게 맞아서 돌아가셨습니다. 저의 어머니를 죽인 두 사람을 잡아다가 엄하게 처벌하소서."

고발을 접수한 형조는 한성부와 중부로 하여금 죽은 금춘의 어머니를 검시하도록 지시했다.

검시 결과 급소인 태양혈, 즉 관자놀이와 가슴을 비롯해서 등과 엉덩이, 장딴지에 각각 타박상이 발견되었다. 죽은 금춘의 어머니에게서 상처가 나오자 형조에서는 즉시 양효일을 잡아들여서 심문을 했다. 한편 이런 어처구니없는 상황을 현장에서 목격한 수진방의 주민 40명이 연명으로 형조에 고소장을 제출했고, 사헌부 장령 이유달도 함께 서명했다. 하지만 형조에서는 수진방 주민들의 호소를 무시하고 조사를 강행했다. 예나 지금이나 권력의 힘 앞에 사람들이 얼마나 무력하고 나약한지 잘 보여주는 사례라고 할 수 있겠다.

2월 11일, 사헌부 장령 이유달은 인조에게 사직을 요청한다. 표면상으로는 양효일의 집 앞에서 죽은 노파가 맞아서 죽은 줄 모르고 함부로 동네 주민들과 함께 고소장을 제출했다는 것이었다. 하지만 실제로는 자신의 사직을 내세워서 이번 일의 부당함과 잘못되었다는 점을 인조에게 호소한 것이다. 보고를 받은 인조는 이유달에게 사직하지 말라는 짧은 답변만을 내렸다. 그러자 2월 26일에는 이민구가 이어받았다.

"본원의 서리 양효일이 살인죄로 수감된 상태에서 형벌을 받고 있습니다. 관련 문서들을 가져와서 살펴보니 의심스러운 점이 있어서 이렇게 아룁니다. 금춘의 고발장을 보면 그녀의 어머니는 1월 21일 밤 인정 무렵에 양효일이 집에 갔다가 매를 맞아서 죽었다고 했습니다. 하지만 양효일은 그날 승정원에서 밤새 일하고 다음날 아침이 되어서야 집으로 돌아갔다는 사실을 알고 있는 이가 한두 명이 아닙니다."

금춘의 어머니를 죽인 살인자로 지목된 양효일이 그날 밤 집에 없었다는 사실을 강하게 언급한 것이다. 그리고 형조에서 살인죄를 조사한다는 이유로 양효일에게 심한 고문을 해서 거의 죽을 지경에 이르렀다는 점을 얘기했다. 더불어 누가 봐도 의심스러운 정황이 분명한데도 형조에서 이를 무시하고 양효일을 고문하고 있으니 조사 관청을 교체할 것을 주장했다. 사실 용의자의 알리바이 확인은 조선시대나 지금이나 수사의 기본이다. 그리고 이를 위해서는 가족과 목격자들을 광범위하게 조사해야만 한다.

이유달과 이민구는 살인자로 지목된 양효일이 밤새 승정원에서 일을 했다는 사실을 밝혀냈다. 아마 둘 다 상소문을 올리기 전에 양효일의 동료 서리나 승정원 관계자들에게 이 사실을 확인했을 것이다. 진실을 외면하지 말라는 두 사람의 연이은 외침에 인조는 일단 지켜보자는 미지근한 반응을 보인다.

마지막으로 목서흠이 결정타를 날렸다. 앞서 상소한 두 사람보다 스무 살이나 많은 그의 목소리는 좀 더 강력하고 구체적이었다.

"금춘이 낸 고소장을 보니 그날 밤 인정 즈음에 어머니가 매를 맞고 죽었다고 했습니다. 양효일의 집안사람들 역시 이경(二更)[39] 즈음에 다 죽어가는 노파를 버렸다고 증언했습니다. 인정이든 이경이든 그 집 앞에서 노파가 죽어갈 즈음에는 양효일은 장무서리로서 눈코 뜰 새 없이 바쁘게 일하고 승정원에서 관할하는 대루청(待漏廳)[40]에서 잠을 잤다는 사실은 명백합니다."

상황이 이렇게 되자 조사관청인 형조에서 변명에 나섰다. 형조에서는 고발자인 금춘과 양효일이 진술한 내용이 달라서 조사가 불가피했고, 목격자라고 할 수 있는 동네 사람들의 연명 고발도 있어서 더욱 신중해야만 했다고 설명했다. 하지만 누가 봐도 진성군의 눈치를 봤다는 점은 명백했다.

원래 살해된 정황이 불분명할 경우 양쪽 모두를 잡아다가 심문하는 게 원칙이었다. 하지만 승정원 장무서리인 양효일은 심한 매질을 당해서 사경을 헤맬 지경이었던 반면, 고발자인 금춘은 별다른 조사를 받지 않았다. 더불어 구타에 의한 사망이라는 사실만 확인했을 뿐 어느 장소에서 누구에 의해 구타를 당했는지는 조사하지 않았다. 조선시대 빈번하게 발생한 집단 구타에 의한 살인의 경우 치명상을 입힌 사람을 조사해서 처벌하는 게 원칙이었다. 하지만 이번 사건에서

---

[39] 하룻밤을 다섯 부분으로 나눌 때 두 번째에 해당하는 시간으로 저녁 9시부터 11시 사이다.
[40] 조선시대 관리들이 궁궐문이 열리기를 기다리면서 잠깐 머무르던 곳. 광해군때 세워졌는데 경복궁 영추문 앞에 위치했다.

는 이런 과정이나 원칙들이 철저하게 무시당했다. 그 원인은 두말할 나위 없이 종친인 진성군의 존재 때문이었다. 이유달과 이민구, 목서흠의 상소는 그런 측면에서는 매우 용기 있는 행동이었다.

세 사람의 주장은 간단했다. 금춘의 어머니가 죽은 시각에 양효일은 승정원의 대루청에 있었다는 것이다. 또한 금춘의 어머니가 구타로 인한 사망이 확실하다면 어느 장소에서 누구에 의해 맞아서 사망했는지 광범위하게 조사해야 한다는 것이다. 앞서 진성군이 병든 여종을 집 앞에 버려두자 거둬서 잘 치료했던 것을 보면 양효일 집안에서도 진성군의 속셈을 간파하고 있었다고 봐야 했다. 정상적인 상황이라면 차라리 진성군이나 고발자인 금춘을 의심하는 게 옳았다. 계속 치료를 해서 보내자 이번에는 아예 다 죽어가는 금춘의 어머니를 보냈을 가능성에 대해서도 조사해야만 했다. 진성군은 어렵더라도 고발자인 금춘이나 현장에 갔던 다른 종들은 심문해야만 했다. 하지만 형조에서는 그런 조사 대신 감옥에 갇힌 양효일과 양선원에게 가혹한 매질을 하면서 심문을 했다. 세 사람이 차례대로 용기 있게 얘기하는 사이 상황은 엉뚱하게 전개되었다.

3월 3일 형조에서 금춘이 또다시 소장을 제출한다. 두 달 전의 강경한 목소리와는 달리 이번에는 어머니를 죽인 양효일과 양선원을 용서해달라는 내용이었다. 갑자기 달라진 태도를 묻자 그녀는 뜻밖의 대답을 했다.

"애초에 제가 분하고 억울해서 상전께 고하지 않고 고발장을 제출했습니다. 어머니를 죽인 양효일 형제는 제 상전의 측실과 친척관계였습니다. 그래서 상전께서 저를 불러서 화친을 하라고 엄하게 분부하셨습니다."

그녀가 갑자기 태도를 바꾼 이유는 곧 밝혀졌다. 감옥에 갇혀 있던 양효일이 진성군에게 은자 250냥을 지급하고, 금춘에게도 따로 의복을 주기로 약속했던 것이다. 사람 목숨을 빌미로 삼아서 100냥을 빌려주고 1년 만에 250냥을 받아낸 셈이다. 사람 목숨과 권력을 가지고 자기 욕심을 채운 것이다. 이것도 모자라서 금춘은 주인의 지시가 아니면 상상하지도 못할 짓을 저질렀다. 임금이 머물고 있던 경덕궁[41] 안으로 들어와서 격쟁을 한 것이다. 정문인 홍화문을 통해 금천교까지 들어와서 말이다.

어머니를 죽인 원수를 용서해달라고 하기 위해 궁궐까지 침입한 것이 과연 그녀만의 의지였을까? 궁궐의 수비를 맡은 병조는 발칵 뒤집혔지만 그녀나 그녀의 주인 진성군이 처벌받았다는 기록은 찾아볼 수 없다. 죽을 고비를 넘긴 양효일과 동생 양선원이 풀려나자 뒤늦게

---

41 종로구 신문로에 있는 궁궐로 원래는 경덕궁이었다가 1760년 경희궁으로 이름을 바꿨다.

사간원이 들고 일어났다. 하지만 인조는 빗발치는 상소문을 무시한 채 짤막하게 대답했다.

"진성군의 과실은 대단한 것이 아니니 번거롭게 하지 마라."

진실은 절반만 밝혀졌다. 금춘의 어머니가 어디서 누구 손에 맞아서 죽었는지, 아니 애초부터 죽은 시체를 옮겨 왔는지는 영원히 밝혀지지 않았다. 거기다 살인을 빌미삼아 빚을 받아낸 진성군이나 금춘 모두 처벌받지 않았다. 만약 금춘이 죽거나 죽어가는 어머니를 양효일의 집 앞에 버린 것이 확실하다면 그녀는 반역죄 다음으로 무거운 강상죄로 처벌받아야 했다. 그나마 이유달과 이민구, 그리고 목서흠이 용기 있게 목소리를 높이고 진실을 밝힌 덕분에 양효일과 그 동생이 억울하게 죽는 것은 피할 수 있었다.

권력을 이용해서 부당하게 돈을 받아낸 진성군은 그 후로도 종친으로서의 편안한 삶을 누렸다. 병자호란 때 청나라 군에게 잡혔다가 풀려난 그는 현감 벼슬을 지낸 유흡의 첩과 그 어머니를 살해한 혐의를 받았다. 하지만 이번에도 가벼운 처벌을 받았다가 1655년 세상을 떠났다.

맨 처음 진실을 밝힐 것을 주장했던 이유달은 이 사건이 일어나고 몇 년 후인 1635년 세상을 떠났다. 그와 함께 양효일의 무죄를 주장했던 이민구가 애통함을 담아서 그의 묘지명을 써줬다. 이민구는 병자호란이 일어나고 인조를 제때 대피시키지 못했다는 죄목으로 유배형에 처해졌다. 1649년 풀려난 그는 홍문관 부제학, 성균관 대사성 등을 역임했다가 1670년 세상을 떠났다. 두 사람에 뒤이어 목소리를 높였던 목서흠 역시 오랫동안 관직에 있다가 1652년 죽음을 맞이했다. 사건의 당사자인 양효일, 그리고 함께 고초를 겪은 양선원의 남은 삶이 어떠했는지는 기록에서 찾아볼 수 없다.

이유달과 이민구, 목서흠처럼
여러 명이서 힘을 합심해서 사건을 해결했던 탐정은?

87분서 87th Precinct 에드 맥베인 지음

추리소설에 등장하는 경찰이나 형사들은 대개 주인공인 탐정의 능력을 돋보이게 하는 조연에 불과했으며 심지어는 조롱의 대상이기도 했다. 그러나 현실에서 범죄를 해결하는 것은 탐정이 아닌 경찰과 형사들이다. 비록 개개인이 평범할지언정 사법권과 엄청난 정보력을 가진 경찰 조직이라면 달라질 수 있다. 한 명의 형사가 사건을 맡게 되더라도 결코 혼자가 아닌 동료들의 도움을 받아서 해결해 나간다. 이처럼 각각 조그만 능력을 가진 인물들이 하나의 팀을 이루어 벌이는 조직적 수사는 천재적 명탐정 한 사람의 능력을 훨씬 능가할 수 있는 것이다.

사건의 무대는 미국 동부에 위치한 도시 아이솔라(Isola)다. 아이솔라는 이탈리아 어로 섬(island)을 의미하는 배트맨의 고담 시티처럼 가상의 도시로 뉴욕을 모델로 했다. 경찰 조직도 뉴욕 경찰 조직을 토대로 했다. 아이솔라는 다양한 계층과 인종, 문화가 공존하는 미국에서도 손꼽히는 대도시이자 대 범죄도시이기

도 하다. 상냥함과 잔인함, 희미한 바람과 뜨거운 태양이 공존하는 곳. 87분서는 그곳에 위치한 경찰지서이다.

첫 작품 『경찰 혐오자』에 따르면, '87분서에는 16명의 형사가 배속되어 있지만 그들의 관할구역은 9만 명의 주민이 사는 35개 블록으로, 116명의 형사가 있어도 손이 모자랄 정도'로 넓다. 좀도둑에서부터 은행 강도, 연쇄살인범에 이르기까지 다양한 범죄자가 창궐하는 매우 살벌한 곳이다. 특히 그들의 관할 지역에는 빈민가가 포함되어 있어 소속 형사들은 매일 발생하는 다양한 범죄에 대처해야만 한다.

프릭 서장, 번즈 경감 휘하의 87분서 형사들은 범죄자를 쫓고 체포하며, 공무원답게 전출과 전입, 혹은 파면, 때로는 죽음을 맞이하기도 한다. 그리고 이야기는 경찰의 수사 활동을 중심으로 이루어진다. 즉 한 명의 형사가 어떤 사건을 담당하더라도 외로운 늑대처럼 홀로 나서는 것이 아니라 동료 형사를 비롯해 경찰 조직을 최대한으로 이용하여 수사한다. 그러므로 이 시리즈는 특정한 인물보다는 '87분서'라는 경찰서가 실질적 주인공이며, 개개의 작품에서 주역을 맡는 인물들이 매번 바뀐다.

물론 87분서의 수많은 형사들 중에서도 가장 많이 등장하며 중요한 역할을 맡은 인물은 스티브 카렐라 형사이다. 이탈리아계인 카렐라는 몸집이 크지만 결코 둔해 보이지는 않으며, 마치 동양

인과 같은 인상을 주기도 한다.

그는 수사 도중 테디 프랭클린이라는 아름다운 벙어리 아가씨와 만나 가정을 이루게 된다. 카렐라 형사의 동료로는 아버지가 이름을 장난스럽게 지었다고 불평하는 유태계 형사 마이어 마이어, 타인을 압도하는 우람한 체격의 인텔리 흑인 형사 아서 브라운, 빨간 머리에 흉터가 있는 코튼 호스, 유도의 명수 할 윌리스, 신참 형사 버트 클링, 그리고 이른바 '썩은 사과'라고 불리는 부패한 형사 로저 하빌랜드 등 독특한 인물들이 등장한다. 이들은 작품에 따라 주연에서 조연으로 등장하며, 때로는 아예 나오지 않는 경우도 있다.

한 가지 독특한 점은, 시리즈가 시작된 지 반세기 가까이 지났지만 주연급 등장인물들은 거의 나이를 먹지 않고 있는데 반해 시간은 약간씩 흐르고 있다. 카렐라 형사를 비롯한 대부분의 형사들은 모두 30대의 나이지만 카렐라 부부의 쌍둥이 아이들은 사춘기 나이에 접어들었다.

작품에서는 사건 현장의 모습뿐만 아니라 그들의 가정생활도 생생하게 묘사되어 있다. 그들은 사건을 앉은 자리에서 척척 해결하는 초인적 인물이 아니라, 봉급이 적다고 불평도 하고 연애도 하다가 때로는 실연의 상처도 입는 보통 사람들이다. 이 시리즈가 독자들의 사랑을 받는 이유는 이처럼 등장인물들이 매우 '인간적'이고, 또 독자들이 실제로 원하는 이상적인 경찰의 모습을 보여줬기 때문이다.

9. 방방곡곡을 떠돌며 캐낸 숨은 진실
심염조

정조 1년 (1777년), 어느 날

평안도 가산의 향교에 허름한 차림의 40대 선비가 들어섰다. 때마침 향교에서는 선비들이 모여서 시를 짓는 시회가 한참이었다. 대청에 앉은 선비들이 시를 쓰면서 술잔을 돌리는 중이었고, 옆에서는 머리를 틀어 올리고 진한 화장을 한 기녀들이 거문고를 뜯으면서 흥을 돋웠다. 옆구리에 보자기를 끼고 들어선 선비는 그 모습을 보고는 반색을 했다.

"아이고, 어제 저녁부터 끼니를 굶어서 염라대왕을 만나기 일보직전이었는데 이게 웬 횡재냐."

성큼성큼 들어선 선비는 시회를 하고 있던 누각 앞에 주저앉아서 보따리를 펼쳤다. 보따리 안에는 크고 작은 붓들이 보였다.

"선비님들. 붓 좀 사주십시오. 갑산에 귀양 간 친척을 만나고 돌아오다가 중간에 도적을 만나서 가진 여비를 전부 털렸답니다. 제 신세를 딱하게 여긴 갑산의 어느 선비가 가는 길에 팔아서 여비를 하라고 가지고 있던 붓을 주셨답니다."

흥이 깨진 선비들이 대놓고 짜증내는 표정을 지었지만 붓을 팔러 온 선비의 표정은 절박했다. 행색이 초라하긴 했지만 명색이 선비라 향교의 하인들도 선뜻 손을 쓰지 못하고 있자 시회를 주선한 늙은 선비가 입을 열었다.

"붓은 필요 없지만 신세가 가여우니 여기서 요기나 하고 가시구려."

"아이고, 감사합니다."

붓을 주섬주섬 챙긴 선비가 보따리를 껴안고 하인을 따라갔다. 뒷방으로 간 선비는 기녀가 들고 온 개다리소반에 담긴 음식을 허겁지겁 먹어치웠다. 기녀가 그런 선비를 물끄러미 쳐다보다가 물었다.

"한양에서 오셨습니까?"

"암, 한양 수진방에 살고 있지. 친척 부탁으로 어쩌다 이 먼 곳까지 와서 고생하는지 원……"

길게 트림을 한 선비가 신세한탄을 늘어놓자 기녀가 말했다.

"제 이름은 월향이라고 합니다. 선비님 존함은 어찌 되시는지요?"

"나? 심염조라고 하느니라."

월향을 힐끔 쳐다보면서 대답한 심염조가 김치를 쭉 찢어서 입에 밀어 넣었다.

"연배가 꽤 되시는 것 같은데 무슨 일을 하시는지요?"

"가진 건 없고, 있는 건 알량한 자존심과 쥐꼬리만 한 글 솜씨뿐이라 과거볼 때 거벽(巨擘)⁴²노릇하면서 먹고 살지."

한숨을 내쉰 심염조의 말에 월향이 고개를 갸웃거리면서 말했다.

"소녀는 열두 살에 머리를 얹고 관기노릇을 하면서 많은 사람들을 봤습니다. 선비님은 비록 차림새는 허름하지만 거벽꾼 노릇하면서 먹고 사실 분처럼 보이지는 않습니다."

월향의 말을 들을 심염조가 히죽 웃었다.

"관상이 좋다는 말은 어릴 때부터 들었느니라. 그나저나 이 고을은 요새 어떠냐? 오가는 곳마다 다들 관리들의 학정에 못 살겠다고 아우성이던데 말이다."

"여기는 그나마 낫습니다. 예전에 이상한 일이 하나 일어나긴 했습니다만……"

"무슨 일?"

심염조가 눈빛을 반짝거리면서 묻자 월향이 살포시 웃으면서 말했다.

---

42 조선시대 과거를 볼 때 시험을 대신 쳐 주는 사람.

"이 마을에 윤팔종이라는 무뢰배가 살고 있는데 말입니다. 김덕화라는 사람의 딸을 꾀어서 몹쓸 짓을 했다가 함종으로 유배를 갔다가 돌아왔답니다. 그런데 그 사람이 돌아오고 얼마 후에 김덕화가 관아 앞의 나무에 목을 매고 죽은 일이 벌어졌습니다."

"저런……"

월향의 얘기를 들은 심염조가 탄식을 하자 월향이 말을 이어갔다.

"거기다 윤팔종의 동생이 김덕화가 목을 매서 죽었다는 사실을 관아에 알려서 마을 사람들이 다들 수군거립니다."

"관아에서는 어찌 처리했느냐?"

"처음에는 잡아 가뒀다가 죄가 없다고 풀어줬답니다."

"어허, 설사 직접 죽이지 않고 협박을 했다고 하더라도 엄하게 죄를 다스려야 하거늘 어찌 그런 일이 있을 수 있단 말이냐?"

"그 일이 벌어진 게 갑신년(1764년)이라 십 년이 넘었건만 아직까지 사람들 입에 오르내린 답니다."

한숨을 쉰 월향의 말에 심염조는 가만히 고개를 끄덕거렸다. 그 사이 바깥이 소란스러워졌다. 월향이 문을 열고 밖을 내다보자 헐레벌떡 향교로 들어선 고을 아전이 파랗게 질린 채 말하는 게 보였다.

"암행어사가 들이닥친다는 풍문입니다."

"암행어사라니? 얼마 전에 위원군에 들이닥쳤다고 하던데 벌써 예까지 왔단 얘기냐?"

시회를 주관한 늙은 선비의 말에 아전이 부들부들 떨면서 말했다.

"평양으로 돌아간다고 소문을 내고는 이쪽으로 온 모양입니다. 지금 관아에서는 이것저것 숨기고 있으니 좌수(座首)[43]어르신도 미리 준비하십시오."

"알겠다."

아전과 좌수가 얘기를 주고받는 모습을 지켜보던 월향이 슬그머니 웃으면서 심염조를 쳐다봤다.

"아침부터 까치가 울더니 암행어사께서 오실 징조였군요."

"그러게 말이다. 밥 잘 먹었다."

보따리를 챙긴 심염조가 일어나자 따라 일어난 월향이 옷매무새를 잡아줬다.

"잘 가십시오. 한양 선비님."

"대접 잘 받았느니라."

문을 열고 나온 심염조가 다 떨어진 짚신을 신고 뜰을 가로질러 갔다. 월향은 문가에 서서 얘기를 주고받던 좌수와 아전을 지나쳐 향교를 나간 심염조의 뒷모습을 물끄러미 쳐다봤다. 잠시 후 암행어사 출두라는 외침과 함께 역졸들이 관아로 몰려들었다. 길을 가던 행인들은 기겁을 하고 길옆으로 물러났고, 아전들은 파랗게 질린 채 자취

---

43 조선시대 지방자치기구인 향청의 우두머리.

를 감춰버렸다. 향교에서 나온 관서암행어사 심염조는 곧장 가산 관아로 걸어가면서 중얼거렸다.

"윤팔종과 김덕화라? 관아에 가면 옥안부터 살펴봐야겠군."

정의의 사도, 암행어사

관아에서 흥청망청 잔치를 벌이는 탐관오리 앞에 나타난 허름한 차림의 선비가 조롱과 모욕을 당하다가 품에서 마패를 꺼내들고 암행어사 출도를 외치는 모습은 TV드라마를 통해 우리에게 잘 알려져 있다. 지방 관리의 비행을 감찰하는 직책은 조선 후기에 등장한 것으로 알려져 있다. 하지만 조선 초기에 이미 관리들의 비행을 감찰하는 사헌부에서 행대감찰이라는 이름으로 비슷한 업무를 맡은 관리를 파견했다. 북방을 개척한 장군으로 잘 알려진 김종서도 행대감찰로 자주 지방에 파견되었다. 행대감찰과 암행어사의 가장 큰 차이점은 바로 암행, 즉 신분을 숨기고 조사를 한다는 점이다. 그렇기 때문에 선발과정부터 비밀을 유지하기 위해 애를 썼는데 승정원과 사헌부를 비롯한 언론 삼사의 정3품 당하관들 중 한 명을 선발해서 파견했다. 임무에 따라 안집 어사와 별견 어사 등 여러 명칭으로 불렸으며, 신분을 감추지 않고 활동하는 경우도 있었다. 하지만 백성들은 이들을 통틀어서 통상 암행어사라고 불렀다. 암행어사로 낙점된 관리는 임명된 즉시 한양 밖 관왕묘에 가서 임금의 봉서와 마패 등을 가지고 지정된 지역으로 떠났다.

흔히 알려진 대로 관아에 들이닥쳐서 수령을 파직시킬 권한은 없고, 단지 창고를 봉하고 업무를 정지시키는 정도가 어사가 할 수 있는 최대한의 처벌이었다. 업무를 마치고 돌아온 암행어사는 임금에게 서계와 별단이라는 보고서를 바쳤다. 서계는 공식적인 업무인 지방관의 부패와 비행에 대한 보고서고 별단은 그 외에 살펴본 지방에서 벌어진 일들을 보고한 것이다. 우리에게 잘 알려진 암행어사는 당연히 박문수다. 하지만 박문수는 암행어사로 지방을 돌아다닌 적은 없었다. 모두 4차례 어사로 임명되긴 했지만 영남 안집 어사와 감진 어사, 북도 진율사, 관동영남균세사로 활동했으며 활동한 기간도 1년 정도에 불과했다. 하지만 박문수는 지방관으로 재직할 당시 백성들의 굶주림을 적극적으로 보살폈고, 관료들의 횡포를 막기 위해 많은 노력을 기울인 인물이었다. 19세기에 이유원이 쓴 임하필기에 이미 박문수가 암행어사로 활약한 내용이 나오고, 청구야담을 비롯한 다른 책에도 활약상이 나온다. 그리고 일제강점기 시절 역사 위인전이 출간되면서 박문수와 암행어사에 대한 오늘날의 이미지가 완성되었다.

심염조가 암행어사로 낙점된 것은 1777년 4월 8일이다. 이날 정조가 대신들에게 어사로 활동하기에 적합한 인물을 천거하라는 지시를 내렸다. 이에 십여 명이 추천되었는데 종5품의 홍문관 부교리로 있던 심염조도 그 중 한 명이었다. 평안도 일대를 살펴보는 관서암행어사로 임명된 심염조는 그 해 가을 관서지역을 암행하고 돌아와서는 10월 4일 정조에게 보고서를 바친다. 해당 지역 관리들의 행태를 보고받은 정조는 비행을 저지른 관리들을 처벌했다. 그리고 실록에 나와 있지 않지만 심염조는 정조에게 평안도 가산에서 벌어진 의문의 살인사건에 대해서도 보고했다. 10월 27일 정조는 보고를 받은 사건에 대해서 다시 조사하라는 명령을 형조에 내린다.

"관서 어사 심염조의 보고를 살펴보면 윤팔종에게 죄가 없다고 석방한 것은 올바르다고 볼 수 없다. 당시 이 사건을 맡았던 관리를 조사하고, 이 사건을 처음부터 다시 조사해서 보고하라."

지시를 받은 형조는 당시 사건을 조사한 초검관이 가산군수였고 복검관은 박천군수라는 사실을 보고하면서 해당 지역의 관찰사에게 재조사 지시를 내리는 것이 어떻겠느냐고 건의한다. 정조가 승낙하면서 오랫동안 묻혔던 김덕화의 죽음이 다시 수면 위로 떠오른다.

사건이 벌어진 계기는 윤팔종이 김덕화의 딸을 유혹해서 몹쓸 짓을 했다는 죄로 평안도 함종으로 유배를 떠났다가 돌아오면서 시작되었다. 윤팔종이 귀양지에서 돌아온 직후 김덕화가 나무에 목을 매서 숨지는 일이 벌어졌는데 목을 맨 장소가 관아 근처의 어린 소나무였고, 최초 신고자가 바로 윤팔종의 동생이었다. 김덕화의 시신은 발제(髮祭)[44], 그러니까 뒷목 머리카락 가장자리인 후발제와 입안과 식도 사이의 인후(咽喉), 그리고 목 전체에 졸린 흔적이 있으며, 주변은 자주색으로 변해 있었다. 조선시대 법의학서인 『신주무원록』에는 목을 매서 자살한 것과 타인에 의해서 목이 졸려서 죽은 시신의 증상에 대해서 상세하게 나와 있다. 이것은 목을 매서 죽는 것이 가장 흔한 자살 방법이었으며, 동시에 누군가를 죽이고, 자살로 위장하기에도 가장 손쉬운 방법이었기 때문이다. 만약 김덕화가 스스로 목을 매서 자살했다면 뒷목 부분인 후발제까지 목을 졸린 흔적인 액흔(扼痕)이 나타날 이유가 없었다. 높은 곳에 끈을 걸고 스스로 매달렸다면 액흔은 턱 밑에서부터 귀밑으로 비스듬하게 올라가는 것이 정상이었다. 사건을 조사하던 심염조는 죽은 김덕화가 목을 맨 장소가 사람들의 왕래가 많은 관아 근처였고, 목을 맨 곳도 키가 작은 소나무였다는 점에 주목했다.

대개의 자살자들은 익숙한 집이나 뒷산 등 사람들의 왕래가 적은 곳에서 목을 맸다. 해당 지역에 사는 백성들의 얘기를 들어본 심염조는 사건의 조사가 미진했으며, 다른 내막이 존재했으리라는 확신을

---

[44] 이 사건을 기록한 심리록에는 발제라고만 나와 있지만 문맥상 후발제가 분명하다.

가졌다. 그래서 관서를 돌아보고 돌아온 길에 별도로 이 일을 정조에게 보고한 것이다. 비록 13년 전에 벌어진 일이기는 했지만, 공소시효가 없는 조선시대에는 얼마든지 재조사에 들어갈 수 있었다. 이렇게 한양에서 멀리 떨어진 변방에서 십 수 년 전에 벌어진 살인 사건이 다시 재조사에 착수하게 된 것은 암행어사라는 제도와 자신의 직무를 성실하게 수행한 심염조 덕분이었다. 그는 가산에 머물면서 주민들에게 소문을 듣고 정보를 수집하는 한편, 관아에 보관된 서류를 통해 이번 사건에 의문점들을 꿰뚫어봤다. 재조사에 들어가자 죽은 김덕화의 아내 이 조이(李 召史)[45]도 윤팔종이 남편의 죽음과 깊은 연관이 있다는 사실을 증언했다. 그렇다면 김덕화는 과연 윤팔종의 손에 죽음을 당한 것일까?

윤팔종이 다시 감옥에 갇히고 사건이 재조사에 들어가자 그의 아들 윤득우가 상언을 했다.

"김덕화의 죽음은 스스로 목을 맨 것이고, 제 아버지는 단지 협박한 것에 불과합니다."

어쩌면 이게 진실일지도 모른다. 윤팔종과 김덕화의 직업이나 신분은 기록에 남아 있지 않지만 윤팔종은 지역 유지급의 권세를 누

---

45 조이는 소사의 이두식 표현으로 평민의 아내나 과부를 뜻한다.

린 인물일 것이고 김덕화는 가난하고 힘없는 민초였을 것이다. 그러니 김덕화가 유배까지 갔다 온 윤팔종의 손에 죽었거나 혹은 협박에 못 이겨 자살을 강요당하는 처지에 몰렸을 수 있다. 스스로 목을 매서 자살을 했든 아니면 윤팔종의 손에 떠밀려 죽음을 당했건 억울한 죽음인 것은 명백했다. 심염조는 이러한 사실을 현지에서 직접 보고 들었다. 그리고 한양으로 돌아와서 정조에게 김덕화의 억울함을 알린 것이다. 심염조의 건의에 의해 재조사에 착수한 결과 감춰두었던 얘기들이 나왔다. 최소한 윤팔종이 김덕화의 죽음에 깊게 관여했다는 사실이 그 아들의 입을 통해 밝혀진 것이다. 1780년 3월 14일, 정조는 김덕화의 죽음을 둘러싼 옥사의 판결을 내렸다. 평안도 관찰사는 김덕화의 죽음은 자살이고 윤팔종은 그를 협박한 죄밖에는 없다고 보고했고, 형조 역시 같은 의견이었다. 평안도 관찰사와 형조의 보고를 받은 정조는 판결을 내렸다.

"이 사건은 암행어사가 몇 년 전에 보고해서 재조사가 이뤄졌다. 시신을 허술하게 조사한 검험관은 처벌을 받았고, 윤팔종은 도로 감옥에 갇혔다. 이 옥사를 다시 성립시킨 이유는 백성들의 목숨을 소중히 여기고, 억울함을 없게 하며, 토호의 발호를 억누르고자 함이었다. 김덕화의 죽음은 상식적으로 보건대 스스로 목맨 것이 아니다. 그 뒤에는 윤팔종이 있음이 명백하다. 하지만 다들 가볍게 처벌하자는 의견이 많고, 이 조이 역시 다시 심문을 받으면서 겁이 나서 시키는 대로 말했다고 했다. 신하들 중 오직 심염조만이 용서할 수 없다고 주장했으니 함부로 그를 죽일 수는 없다. 따라서 윤팔종의 사형을 감해서 외딴 섬에 안치하라."

　김덕화의 아내 이 조이가 증언을 바꾼 이유는 불 보듯 뻔하다. 형조나 평안도 관찰사의 보고대로 김덕화는 스스로 목을 맸을 수도 있다. 하지만 심염조가 아니었다면 피해자인 김덕화가 가해자인 윤팔종의 협박과 위협에 못 이겨 죽음을 선택했다는 최소한의 사실조차 밝혀지지 않았을 가능성이 높았다. 정조의 판결이 내려지자 감옥에 갇혀 있던 윤팔종은 지도라는 섬에 유배를 갔다. 윤팔종은 1782년 12월 3일, 정조의 석방 명령이 떨어질 때까지 유배자 신세가 되었다. 한편, 시간 속에 묻힐 뻔했던 죽음을 다시 끄집어냈던 심염조는 관서 암행어사 임무를 마치고 돌아온 다음 해 강화도에 다시 파견되었다. 그리고 청나라에 사신으로 간 채제공의 서장관으로 갔다가 돌아왔다. 이후 홍문관 부제학을 거쳐 황해도 관찰사로 갔다가 임지에서 세상을 떠났다.

심염조처럼 전국을 돌아다니면서 사건을 해결한 탐정은?
잭 리처 Jack Richer 리 차일드 지음

전국을 떠돌면서 사건을 해결하던 조선시대의 암행어사처럼, 재즈 선율을 읊조리며 미국 곳곳을 누비는 고독한 남자가 있다. 암행어사가 공권력의 수호자였다면, 그는 바람처럼 자유롭게 떠도는 자유인이었다. 하지만 불의를 보면 참지 못한다는 점에서는 공통점을 가졌다. 잭 리처는 1960년 독일 베를린의 미군기지에서 태어나 세계 각지의 미군 부대에서 성장했다. 미국 육군 사관학교인 웨스트포인트를 졸업한 후 군 수사 장교로 근무했다. 이때 수많은 공을 세워서 은성무공훈장, 퍼플하트 훈장 등을 받는 화려한 경력도 쌓았다. 13년간의 복무를 마치고 전역한 그는 미국 전역을 떠도는 여행에 나선다. 유년기와 청년기를 외국에서 보낸 탓에 고국에 대해 제대로 모른다고 생각했기 때문이었다. 그는 히치하이킹이나 버스를 주로 이용하면서 군 복무 시절 동료들을 찾아 미국 전역을 유랑한다.

그러나 공교롭게 그가 머무는 곳에는 어김없이 대형 사고가 터

진다. 친형의 죽음과 연루된 살인사건의 누명을 쓰고(『추적자』), 시카고에선 괴한에게 납치당해 끌려가고(『탈주자』), 우연한 목격자가 돼 납치 사건의 중심에도 들어가며(『하드 웨이』), 무차별 총격 살인에 엮이기도(『원 샷』) 한다. 하지만 늘 마지막 장면에선 악당들을 때려눕히고 서부극의 주인공처럼 다음 목적지를 향해 떠난다.

잭의 아버지 스탠 리처는 해병대 장교로 복무하면서 한국전쟁과 베트남전에 참전했다. 그리고 한국에서 만난 프랑스 여인 조세핀(13살부터 비어트리스라는 가명으로 나치 치하의 프랑스에서 레지스탕스로 활동했던 강인한 여성)과 결혼했다. 또한 잭의 외할아버지는 1차 대전에 참전한 프랑스 군인이었다. 한 마디로 그에게는 뿌리 깊은 군인의 피가 흐르고 있다. 유일한 혈육으로 남은 형, 조 또한 육군사관학교를 졸업하고 5년간 군 정보부에서 복무한 뒤 재무부에 들어갔으나 임무 수행 도중 살해당한다.

파란 눈 금발 머리. 195㎝의 키에 몸무게 110㎏이 넘는 거구의 그는 장기 복무한 군인답게 사격과 격투기에 능하고 전술적 지식도 풍부하다. 다양한 무술을 익힌 그는 특정 무술의 달인은 아니지만 자신에게 필요한 부분을 충분히 소화해서 실전에 써먹는다. 팔꿈치 가격과 박치기 등이 특기. 특히 다양한 경험과 타고난 체력은 그의 파괴력을 더욱 강하게 만든다.

그가 가진 또 다른 재능은 시계도 없이 시간을 파악하는 능력이다. 덕택에 자명종이 없어도 원하는 때 잠에서 깰 수 있고, 폭탄 점화 등 절실한 초읽기가 필요한 상황에서 진가를 발휘한다. 큰 덩치에 싸움꾼 이미지 때문에 생각도 단순할 것 같지만 오산이다. 주먹을 날릴 때도 수학적 계산을 통해 물리적 충격을 계산하고 어떻게 하면 한 손으로 사람의 목을 부러뜨릴 수 있을지, 혹은 한 방으로 죽일 수 있을지 파악하고 있다. 군 시절에 사격대회에서 여러 차례 우승했을 정도의 명사수이며, 다양한 종류의 무기를 능숙하게 다룬다.

말을 아끼지만 살짝 거만하며 마초 근성까지 갖췄다. 블루스 음악을 즐기고, 때로는 우울하고 감성적이며, 엄청난 양의 음식을 먹고 커피를 마시는 대식가이기도 하다. 가방을 메고 다니는 것조차 거추장스러워 해서 옷은 2, 3일 정도 입은 다음 버리고 할인점에서 싸구려 옷을 사 입는다. 고정 수입이 없어서 그동안 저축해 놓은 돈과 가끔 임시직으로 번 돈으로 생활한다. 그가 가지고 다니는 것은 약간의 현금과 칫솔뿐이었으나 9/11 테러 이후에는 여권과 현금카드를 추가했다.

출세욕, 권력욕도 없고, 유랑을 즐기다 머무르는 곳에서 곤경에 빠진 사람을 구하고 사악한 자를 척결하는 그는 현대의 암행어사라고 볼 수 있다. 물론 공권력은 지니지 않았다. 하지만 사악한 자에게는 정당방위 같이 합법적인 범위 안에서 냉정하게 방아쇠를 당기고, 자신이 믿는 사람은 목숨을 바쳐서라도 보호해 주는 더 없이 매력적인 인물이다.

10. 조선 최고의 명탐정
정약용

다산 정약용이 형조참의로 있던 어느 날

　지방에서 올라온 문서들을 잔뜩 안고 규장각 2층으로 올라온 서리는 아까와 같은 자세로 앉아서 서류를 들여다보는 다산을 보고 혀를 찼다. 책들을 보관하는 서고가 있는 1층은 햇빛을 막기 위해 처마를 길게 빼는 바람에 문을 닫아놓으면 한낮에도 어두웠다. 하지만 2층은 사방에 창문을 달아놓은 탓에 시원한 바람이 불어서 책을 읽기 좋았다. 임금이 총애하는 규장각의 검서관들은 밤낮으로 책을 읽고 또 읽었다. 조선 제일의 책벌레들이라고 속으로 되뇐 서리는 방해가 되지 않도록 책상 구석에 조심스럽게 문서들을 내려놨다.

몇 달 전 임금님께서 지방의 형옥사건들 중 오랫동안 해결되지 않는 것들을 모아서 형조참의인 다산 정약용에게 보여주라고 명령하셨다. 형조의 문서고에서 먼지만 쌓여가던 문서들은 규장각으로 옮겨졌고, 다산은 그렇게 꺼내진 문서들을 하나하나 들여다봤다. 신기한 건 지방 수령들이나 형조의 관리들이 몇 년 동안 들여다봐도 범인을 찾지 못했던 것들을 한번 쓱 훑어보고는 알아본다는 것이다. 그렇게 다산이 처리한 사건들은 임금님에게 올라갔고, 최종 판결이 내려졌다. 이런 저런 생각을 하고 있던 서리는 위태롭게 쌓여 있던 문서 하나가 바닥에 떨어지는 것을 눈치 채지 못했다. 문서가 요란한 소리를 내면서 나무 바닥에 떨어지는 소리가 규장각 2층에 울려 퍼졌다. 그러자 석상처럼 꼼짝 않고 글을 읽던 다산이 비로소 고개를 돌렸다. 서리는 연방 굽실거리면서 잘못을 빌었다.

"아이구, 잘못했습니다. 검서관 나리."

"괜찮네. 마침 목이 뻐근했던 참이라서 말이야."

다산이 온화한 미소를 짓자 속으로 안도의 한숨을 쉰 서리는 잽싸게 입을 열었다.

"담배 한 대 올릴까요?"

"사방이 책 천진데 담배라니."

혀를 찬 다산이 어쩔 줄 몰라 하는 서리에게 말했다.

"여기 와서 이것 좀 읽어보게. 반나절 넘게 읽었더니 눈이 침침하

네 그려."

다산의 지시에 서리는 냉큼 곁으로 다가갔다. 그러고는 다산이 내민 서류를 또박또박 읽었다.

"경주 백성 김외동이 길에서 죽었다. 김외동은 소금을 파는 상인이었는데 소금을 실은 말을 끌고 길을 가다가 진영의 군졸인 김암외와 마주쳤다. 두 사람이 길에서 시비가 붙었고, 잠시 후에 김외동이 코와 입에서 피를 흘린 채 쓰러졌다. 길가의 논에서 김을 매던 백성 오이령이 그 광경을 봤지만 너무 멀리 떨어져 있어서 자세히 보지 못했다고 증언했다. 김암외는 김외동과 길에서 마주쳐서 시비가 벌어져서 주먹다짐이 벌어진 건 사실이라고 자백했다. 하지만 김외동이 죽은 건 자기가 끌고 가던 말이 싸우는 걸 보고 놀라서 날뛰던 와중에 발굽에 채였기 때문이라고 주장했다. 삼가……"

"그 다음은 건너뛰고 검시장식(檢屍狀式)[46]을 읽어보게."

눈을 감은 채 주먹으로 어깨를 툭툭 치던 다산의 말에 서리는 아래쪽에 있는 검시장식을 펼쳤다.

"초검(初檢)을 읽어드릴까요? 아니면 복검(覆檢)이나, 삼검(三檢)[47]을 읽어드릴까요?"

---

46 조선시대 살인사건이 벌어졌을 때 시신을 살펴본 의원의 검시 보고서.
47 초검은 타살된 시체를 지방관이 처음 살펴보는 것을 말하고, 복검은 인근 지역의 지방관이 재차 검사하는 것을, 삼검은 중앙의 관리가 파견을 나가서 함께 살펴보는 것을 말한다.

서리의 물음에 다산이 눈을 슬쩍 떴다.

"삼검을 읽어주게."

"에, 그러니까 김외동의 목덜미와 뺨, 등에는 멍이 든 자국이 많이 있다. 오른쪽 팔꿈치에 피멍이 들었고, 턱에도 푸른 멍이 들었다. 하지만 이것으로 인해 죽음에 이르지는 않았으며, 직접적인 사인은 왼쪽 관자놀이와 오른쪽 귀뿌리에 난 상처다. 둘 다 살가죽이 크게 부었고, 부은 곳에 검푸른 피가 맺혀져 있는 상태다. 시신의 머리를 잡고 흔들었더니 목에서 뼈가 갈리는 소리가 난 것으로 봐서는 이 두 곳의 상태 때문에 넘어지면서 목이 부러진 듯하다."

차근차근 읽은 서리가 다산의 눈치를 살폈다. 팔짱을 낀 채 얘기를 듣던 다산이 물었다.

"두 상처의 크기나 형태는?"

"가만있어보자. 왼쪽 관자놀이는 엽전만 하고, 오른쪽 귀뿌리에 난 상처도 같은 크기랍니다."

"시신의 입안이나 코에는 피가 맺혀 있지 않고?"

다산의 질문에 서리는 검시장식을 꼼꼼히 들여다보다가 고개를 저었다.

"그런 얘기는 없습니다."

서리의 설명을 들은 다산은 고개를 절레절레 저었다.

"이런 간단한 것조차 처리하지 못하다니, 한심하군."

"소인은 도통 모르겠습니다만?"

호기심이 생긴 서리가 조심스럽게 묻자 한숨을 쉰 다산이 검시장식을 넘겨받았다.

"무거운 소금을 싣고 가던 말이 놀라서 날뛰었는데 어찌 발굽이 사람의 관자놀이와 귀뿌리까지 닿을 수 있겠느냐? 말발굽에 차이면 천하장사라고 해도 버티지 못하고 쓰러지기 마련인데 어찌 소금장수가 관자놀이와 귀뿌리를 한꺼번에 맞을 수 있겠느냐? 거기다 발굽에 찍히면 살갗이 찢어져서 뼈가 드러났어야 하는데 그런 흔적도 없고 말이다. 『신주무원록』을 보면 발굽에 차이면 몸 안이 상하기 때문에 입과 코에 피가 맺혀야 하는데 그런 것도 없지 않느냐."

한숨을 쉰 다산이 덧붙였다.

"길을 가다가 시비가 붙었다고 하지만 벙거지에 더그레 차림의 군졸과 가난한 소금상인이 어찌 대등하게 싸웠겠느냐? 분명 말을 타고 가던 김암외가 마주친 김외동에게 길을 비키라고 했을 거야. 그런데 소금을 실은 말이 제대로 피하지 못하자 가지고 있던 육모방망이나 쇠좆매[48]로 두들겨 팼을 것이고 말이야."

"그걸 어찌 아십니까?"

서리의 반문에 정약용이 주먹으로 어깨를 두드리면서 대답했다.

---

48 소의 고환을 가죽으로 감싸서 만든 몽둥이로 포졸이나 군관들이 썼다.

"김외동의 몸에 난 상처들은 전부 주먹이나 몽둥이로 맞아서 난 상처들이거든."

물 흐르는 것 같은 다산의 설명을 들은 서리가 입을 벌렸다.

"제가 읽어드린 걸 듣고 알아차리십니까?"

서리의 물음에 길게 기지개를 켠 다산이 대답했다.

"똑바로 보면 된다네. 제대로만 봐도 대부분의 사건은 해결되는 법이야. 형옥에 관한 일은 사람의 목숨이 왔다 갔다 하는 중대한 일인데 목민관들이 관심이 없거나 귀찮아서 외면할 뿐이지. 나중에 시간이 나면 이런 사례들을 책으로 정리해서 목민관들에게 나눠줘야겠어."

천재적인 두뇌를 자랑하다

어느 순간부터인가 조선시대를 대표하는 실학자인 정약용에게는 명탐정이라는 이미지가 만들어졌다. 이런 이미지는 TV나 소설들의 영향 때문이지만 실제로 정약용은 적지 않은 미제 사건을 해결하는 능력을 발휘했다. 곡산 부사 시절에는 현장을 직접 살펴보고 관련자들을 심문해서 범인을 찾아냈고, 형조참의로 임명된 이후에는 관련

문서를 통해서 진실을 밝혀낸 것이다.

우리는 조선의 백성들이 비록 가혹한 수탈과 흉년 때문에 고통을 겪기는 했지만 인심이 좋고 착하게 살았을 것이라고 추측하고 있다. 하지만 조선 후기에 접어들면서 인구가 증가하고 농민들의 빈부 격차가 심화되면서 농촌에 갈등이 빈번해졌다. 즉, 마을에 낯선 이들이 흘러들어오고, 사람들 사이에서 부의 차이가 벌어진 것이다. 이웃 간의 갈등과 증오는 때로는 잔혹한 살인으로 이어졌다. 유교적 이념이 엄격하게 자리 잡은 집안에서도 부부간의 다툼이나 고부간의 갈등이 폭발하기도 했다. 요즘 아프가니스탄이나 인도에서 자주 발생하는 명예살인과 유사한 사건도 많았다. 주로 남편이나 오라버니가 외간 남자와 간통을 한 혐의를 받은 부인과 여동생들을 죽여서 가문의 명예를 지키려고 한 것이다. 집안의 체통과 가족의 체면이 한 사람의 목숨 값보다 더 소중하다고 여겼던 것이다.

정조 시대 사형판결을 받은 사건들에 대한 조사기록을 담은 『심리록(審理錄)』에는 흥미로운 기록이 보인다. 1775년 12월부터 1800년 6월까지 24년 6개월 동안 정조는 총 1112건의 살인사건에 대한 판결을 내렸다.[49] 연 평균 45.4건의 사형 판결이 내려진 것이다. 조선 건국 후부터 성종 때까지 103년 동안 사형 판결을 받은 죄수가 2045명이고,

---

[49] 심재우, 조선후기 국가권력과 범죄통제, 113페이지 표 2-6 참조

연 평균 19.8명이었다는 점을 감안하면 두 배 넘게 증가한 것이다.[50] 물론 이 두 가지 기록만 가지고 조선 후기의 범죄가 폭발적으로 증가했다고 보기에는 다소 무리가 있다. 하지만 조선 후기 접어들면서 신분제가 와해되고 빈부 격차가 심해지면서 살인 같은 강력 범죄가 증가했다는 점은 명백하다. 지금처럼 사법체계가 분리되어 있지 않던 조선시대에는 지방관리가 재판과 판결을 맡았다.

물론 '네 죄를 네가 알렸다!' 라는 식의 원님 재판이 벌어지지는 않았지만 제대로 조사되지 않고 넘어간 사건들도 적지 않았다. 때로는 몇 년간 판결이 나지 않아서 관련자들이 무한정 갇혀 있기도 했다. 곡산부사로 있던 시절부터 미궁에 빠진 형사 사건들을 잘 해결했던 정약용은 1798년, 형조참의로 임명돼서 한양으로 올라왔다. 정조는 그에게 오랫동안 해결되지 않았던 91건의 미해결 사건들을 재조사할 것을 지시했다. 정약용은 형조의 관리들과 함께 사건들을 조사하면서 진범을 밝혀내고 억울한 누명을 쓴 사람들을 풀어줬다. 진정한 명탐정의 길을 걸은 것이다.

이후 정조의 갑작스러운 사망으로 정약용의 관직 생활은 끝나버리고 말았다. 1818년, 18년간의 기나긴 강진에서의 유배에서 풀려난 정약용은 고향으로 돌아왔다. 그리고 우리가 잘 알고 있는 『목민심서』

---

50 위의 책 112페이지에서 인용

와 『경세유표』 등을 저술했다. 그리고 앞의 두 책보다는 덜 알려져 있지만 『흠흠신서』 역시 이때 쓰게 된다. 자신이 직간접적으로 겪었던 살인사건에 대한 조사기록과 판례를 적은 것이다. 그는 억울한 죽음을 당한 백성들이 없도록 지방관들에게 참고가 될 만한 기록들을 적으면서 자신의 의견을 함께 적었다. 범죄를 피하지 않고 정면으로 바라본 그의 이런 모습은 진실을 밝혀내는 탐정의 모습과 조금도 다름이 없다.

이 사건 역시 정약용이 곡산부사 시절에 직접 조사한 것을 『흠흠신서』에 기록한 것이다. 무수히 많은 죽음을 지켜보고 살인자를 잡아냈던 그는 이 사건을 어떻게 바라봤을까?

1790년, 황해도 수안에 사는 창고지기인 민성주의 집에 갑자기 두 괴한이 들이닥쳤다. 그러고는 다짜고짜 민성주의 아들 민소백 부부를 결박했다. 그리고 민성주를 방에 가뒀다. 도둑인가 싶었지만 이들은 물건을 훔치는 대신 누군가를 기다렸다. 뒤늦게 나타난 소복차림의 여인을 본 민성주는 눈이 휘둥그레졌다.

"아니, 당신은?"

"남편을 죽이고도 살아나기를 바랐느냐? 이 놈! 내 손에 죽어라!"

서릿발 같은 목소리로 호통을 친 여인은 다듬이방망이로 민성주의 머리를 난타하고, 칼로 목을 찔렀다. 흰 소복이 온통 피로 물든 여인이 떠나고 난 자리에는 민성주의 시신만 남았다. 민성주를 죽인 여인은 곧장 수안군수를 찾아갔다.

"저는 최주변의 처 안 소사[51]입니다. 제 남편이 같은 창고에서 일하는 동료 민성주의 칼에 찔려서 한 달 동안 시름시름 앓다가 세상을 떠났습니다. 그래서 남편의 원수를 갚고자 오늘 민성주를 죽이고 이렇게 자수하러 왔습니다."

그러고는 피 묻은 흉기들과 남편의 피가 묻은 버선을 증거물로 바쳤다.

비극은 두 창고지기의 장난에서부터 시작되었다. 황해도 수안군의 창고지기인 최주변과 민성주는 평소에 가깝게 지내는 사이였다. 사건이 벌어진 후 조사한 바에 따르면 두 사람은 바지를 벗어서 목에 걸거나 엉덩이를 드러내고 볼기를 치는 등 좀 과한 장난을 친 것으로 보인다. 그러다 장난이었는지 아니면 다툼이 있었는지 민성주가 떡을 자르는 칼로 최주변의 왼발 복사뼈 밑을 찌르는 일이 벌어졌다. 그 외에도 발등과 정강이 같은 곳에도 상처가 남았다. 상처가 덧나서 온몸에 종기와 부스럼이 퍼진 최주변은 한 달 동안 시름시름 앓다가 세상을 떠났다. 남편의 죽음을 지켜본 아내 안 소사는 직접 남편의 복수를 한 것이다.

---

51 소사(召史)는 양민의 아내나 과부를 일컫는다.

효와 충을 최고의 가치로 삼았던 조선시대에는 가족의 원수를 갚은 사적인 복수를 용인했다. 이 사건 역시 명백한 사적 복수이자 살인사건이었지만 이 사건을 처음 조사한 수안군수는 안 소사를 남편의 원수를 갚은 열녀로 칭하고 석방했다. 그리고 이 사건의 재검관으로 임명된 것이 당시 곡산부사로 있던 정약용이었다.

그는 수안군수와는 달리 냉정하게 사건의 원인부터 조사했다. 정약용의 조사 결과 의문점들이 하나둘씩 밝혀졌다. 안 소사는 민성주가 창고의 마당에 떨어진 쌀을 걷어서 나누는 문제 때문에 다툼 끝에 남편인 최주변을 살해했다고 주장했다. 하지만 민성주의 아내는 그런 사실이 없다고 부인했다. 직접적인 사망 원인이 된 상처가 난 경위에 대해서도 두 사람은 다른 증언을 했다. 안 소사는 민성주가 오른손으로 칼을 움켜쥐고 힘껏 찔렀다고 주장했다. 하지만 민성주의 부인인 신 씨는 칼날을 눕혀 살짝 때려서 살갗에 약간 상처가 났을 뿐이라고 증언했다. 양쪽의 주장이 팽팽하게 맞서자 정약용은 시신의 발목에 난 상처를 확인했다.

최주변의 왼발 복사뼈 아래 난 상처는 길이가 1촌 3푼(약 3.3센티미터)고, 깊이가 9푼(약 1센티미터)이었다. 상처는 고름과 피로 덮여 있었고, 주변의 살은 딱딱한 상태였다. 몸에 난 다른 크고 작은 상처들 모두 같은 상태였다. 정약용은 직접적인 원인이 된 왼쪽 복사뼈에 난 상처에 대해서도 시체 검험서를 꼼꼼하게 살펴보면서 냉철하게 분석했다. 그리고 흉기로 쓰인 칼과 상처를 대조하고는 이것이 찌른 것이 아니라 옆으로 뉘여서 회초리처럼 때린 것임을 알아차렸다. 흉기로 쓰인 칼은 떡을 써는 데 쓰는 것으로 날카롭지 않았다. 그런 칼로 찌른 것도 아니고 옆으로 휘둘렀으니 큰 상처가 나지 않은 것이다.

그리고 정약용은 이 상처가 최주변의 죽음과는 아무 연관이 없다는 사실을 알아차렸다. 칼로 찔렀거나 혹은 베었다고 해도 검험서에는 이 상처로 인해 근육이 찢어졌거나 피를 많이 흘렸다는 증거는 없었다. 그리고 온몸의 크고 작은 상처들 역시 뼈까지 이르지 않아 죽음과는 무관한 상처들이었다. 안 소사는 남편 최주변이 민성주에게 여러 군데를 찔려서 온몸에 쇠 독이 퍼져서 죽었다고 주장했다. 하지만 정약용은 상처들의 크기와 아문 상태들이 모두 다른 것을 보고 한 번에 난 것이 아님을 알아차렸다. 이는 최주변이 한 번에 그 많은 상처를 입지 않았음을 의미한다. 더군다나 『신주무원록』이나 의서에는 쇠붙이 때문에 몸에 부스럼이 생기거나 독이 퍼진다는 항목이 없었다. 모두들 끝난 사건이고, 살인자를 열녀라며 칭찬하는 그 순간에도 냉정함을 잃지 않고 서류를 꼼꼼하게 들여다보면서 의문점을 풀어나간 것이다.

정약용은 최주변이 왼발 복사뼈에 칼을 맞았을 당시 신고 있던 버선도 자세히 살펴봤다. 무명으로 된 겉은 피로 물들었지만 칼이 뚫고 들어간 흔적은 없었다. 즉, 민성주가 휘두른 칼은 최주변이 신고 있던 버선조차 뚫고 들어가지 못한 것이다. 다만 칼날이 닿은 충격 때문에 상처가 나 있던 복사뼈 아래 살갗이 터져 피가 스며든 것이 분명했다. 조사가 진행되면서 최주변이 안 소사의 주장과는 달리 칼에 찔린 후 한 달 동안 시름시름 앓은 것이 아니라 창고 일을 하면서 쌀가마니를 짊어지기도 했다는 점이 밝혀졌다. 더군다나 당사자인 최주변은 죽기 직전까지 민성주를 관아에 고발하거나 죄를 묻지도 않았다. 정약용은 최주변이 다친 후 따뜻한 방에서 쉬면서 상처를 치료하지 않고 추운 밖에서 일을 한 것을 사망의 원인으로 파악했다. 최주변이 민성주에게 죽지 않았다면 안 소사의 행동은 정의로운 복수가 아니라 살인에 불과했다.

1차 조사와 정반대의 판결을 내린 정약용은 석방된 안 소사를 다시 체포해서 감옥에 가두고 민성주의 아들 부부를 결박한 최청오와 이호걸도 공범으로 체포했다. 그러고 나서 상관인 황해도 관찰사에게 이 사건의 진상을 보고했다. 그러면서 만약 안 소사가 직접 복수에 나서는 대신 관아에 고발했다면 철저한 조사를 통해 사실이 밝혀졌을 것이라며 안타까워했다. 최주변의 죽음은 어쩔 수 없다고 하더라도 민성주의 죽음은 충분히 막을 수 있었다고 판단한 것이다. 하지만 관찰사는 초검관인 수안군수의 손을 들어줬다. 정약용에 의해 감옥에 갇혀 있던 안 소사와 공범들은 도로 풀려났고, 민성주는 최주변의 살인자로 낙인찍혔다. 정약용은 상관의 이런 판결이 불만스러웠는지 말미에 관찰사가 자신의 의견을 따르지 않은 것을 뒤늦게 후회했다고 적어 놨다. 아울러 풀려난 안 소사가 몇 달 만에 간통 사건을 일으켰다고 남겨 놨다. 정약용이 형조참의로 임명된 후 미해결 사건들을 조사하는데 열중한 것은 부당한 살인을 저지르고도 처벌받지 않은 이런 뼈아픈 경험 때문일지도 모르겠다.

(* 1776년, 정조는 창덕궁 후원에 규장각을 세웠다. 하지만 너무 비좁다는 이유로 1781년, 궐내각사들이 있는 곳으로 옮겨졌다. 정약용은 규장각이 궐내각사 지역으로 옮긴 이후에 형조참의로 임명되었다. 따라서 본문에서 후원의 규장각에서 사건을 조사하는 장면은 전적으로 작가의 상상력이 발휘된 부분이다.)

현장의 증거를 철저하게 조사해서 범인을 찾아내는 탐정은?

셜록 홈즈 Sherlock Holmes 코난 도일 지음

오랜 세월에 걸쳐 무수히 많은 탐정들이 등장했던 추리소설의 세계에서도 독보적인 위치를 차지하고 있는 한 사나이가 있다. 마른 체격에 큰 키, 날카로운 눈빛과 매부리코, 그리고 예리한 추리력으로 상징되는 셜록 홈즈다. 이름 하나만으로도 더 이상의 설명이 필요 없는 인물이 세상에 얼마나 있을까?

홈즈의 출생년도는 정확히 밝혀지지 않았으나 여러 가지 정보를 종합해 보면 1854년 무렵 태어난 것으로 추정된다. 어린 시절부터 추리 능력이 남달랐던 그는 사건해결을 단순히 취미로 생각했으나 학창 시절 친구 아버지의 조언을 듣고 탐정을 직업으로 삼을 생각을 하게 된다.

평생 친구가 되는 왓슨 박사와의 만남은 한참 후인 1882년이다. 왓슨은 아프가니스탄 전쟁에 참전했다가 부상을 입고 귀국한 상황이었다. 살 곳을 찾던 그는 조수였던 스탬포드를 통해 홈즈를 소개받고 베이커 거리 221B의 하숙집을 같이 쓰기로 한다. 이후 그의 활약상은 대부분 왓슨의 저술을 통해 알려진다. 1878년에

시작된 홈즈의 활약은 1888년까지 무려 오백여 건의 사건을 처리하면서 높아져 갔다. 연평균 50건, 1주일에 한 건 정도를 처리한 셈이다. 아울러 1887년에는 자신이 맡은 사건 중 네 건만 해결에 실패했다고 밝힌 바 있어 그의 수사 실적은 대단히 높은 편이다. 홈즈는 1891년 모리어티 교수의 범죄조직을 뒤쫓다가 교수와 함께 스위스의 폭포에 떨어져 죽은 것으로 알려졌다. 하지만 3년 후에 다시 등장해 탐정활동을 재개한다.

왓슨은 홈즈를 만난 초창기에는 문학, 철학, 천문학에 대한 지식이 전혀 없다고 생각했다. 그러나 홈즈는 왓슨의 평가와는 달리 고전 문학을 인용하기도 하며 프랑스어나 독일어, 이탈리아어, 그리고 라틴어에 이르기까지 다양한 외국어를 구사했다. 취미는 바이올린 연주와 오페라 감상이며 마약을 가끔 사용했으나 왓슨의 제지를 통해 서서히, 그러나 마침내 그만두는 데 성공했다. 여성을 혐오한다고 말한 적도 있지만 불친절하지는 않으며, 독립심이 강한 여성들에게는 호감을 보이는 면모도 있다.

왓슨은 홈즈의 범죄 관련 문헌에 관한 지식이 놀라울 정도며 금세기의 중대 범죄는 모르는 것이 없다고 기록했다. 홈즈는 왓슨에게 악행에는 강한 가족적 유사성이 있어 천 가지 범죄에 대해 잘 알고 있으면 천한 번째 범행의 비밀을 푸는 것은 쉬운 일이라고 설명하기도 했다. 그는 사전 지식과 철저한 현장 관찰을 통해 얻은 증거를 분석, 사건의 흐름을 파악해낸다. 또한 사건 해결에 관한 모든 가능성이 실패로 돌아갔을 때, 그래도 남는 것이 아무리 불가능해 보이더라도 진실이라는 자세를 가지고 있다.

운동은 좀처럼 하지 않지만 어느 누구보다도 힘이 좋고 권투 같은 격투기에 능하다. 그러나 목적 없는 육체적 노력을 정력 낭비로 간주해 웬만하면 몸을 움직이려 하지 않아 게으른 것으로 오해받기도 한다.

홈즈의 모델은 작가 코난 도일의 학창 시절 은사인 외과의사 조셉 벨 교수로 알려져 있다. 벨 교수는 의사의 진단에는 관찰력이 중요하다고 학생들에게 강조하면서 환자의 외견만을 보고 병명뿐만 아니라 직업이나 가족 구성 등을 알아내 코난 도일에게 깊은 인상을 심어주었다. 한편 홈즈의 이름은 도일의 친구인 올리버 웬델 홈즈에서 따온 것이다.

홈즈는 사생활을 거의 언급하지 않아 왓슨은 그를 비인간적인 사람처럼 생각하기도 한다. 그러나 왓슨이 부상을 입자 잠시 이성을 잃을 정도로 걱정하는 인간적인 모습을 보여준다. 19세기에 탄생한 그는 오랜 세월이 지난 21세기에도 고향인 영국뿐 아니라 전 세계에 걸쳐 명성을 유지하고 있다. 셜로키언이라고 불리는 광적인 팬들도 많다. 아울러 추리소설에 관심 없는 사람들에게도 탐정의 대명사로서 알려져 있다.

11. 한 치의 의심도 없게 하라
정조

정조가 임금으로 있던 어느 날

  규장각 2층에서 내려온 서리는 형조에서 가져올 서류가 아직 많이 남아 있었기에 걸음을 서둘렀다. 언덕 위에 지어진 규장각은 경치가 좋긴 했지만 몇 번이고 왕래를 해야 하는 그에게는 고역이었다. 숨을 몰아쉬며 돌계단을 내려가다 규장각 옆 서향각에서 포쇄(曝曬)[52] 작업을 하고 있던 동료들을 부러운 눈으로 쳐다봤다.
  "빨리 끝내고 퇴궐해서 피마골에서 시원한 탁주나 한 사발 해야겠다."

---

52 책을 햇볕이나 바람에 말리는 작업.

규장각 앞에 있는 연못인 부용정을 내려다보면서 중얼거린 서리는 걸음을 재촉했다. 하지만 몇 걸음 떼기도 전에 입이 딱 벌어지고 말았다. 부용정을 돌아서 걸어오는 임금의 행렬과 마주친 것이다. 서리는 허둥지둥 옆으로 물러나 바닥에 엎드렸다. 커다란 일산이 햇살을 막아주는 가운데 내관들과 시위들이 조용한 걸음으로 임금의 뒤를 따랐다. 익선관을 쓰고 붉은색 곤룡포를 입은 임금은 엎드려 있는 서리 앞에 멈춰 서서 온화한 표정으로 물었다.

"다산은 안에 있느냐?"

"2, 2층에 있사옵니다. 전하."

서리는 간신히 대답하고는 다시 고개를 조아렸다. 임금이 규장각 쪽으로 걸어가는 것을 본 후에야 후들거리는 다리를 일으켰다.

임금이 2층으로 올라오는 소리를 들은 정약용은 자리에서 일어나 고개를 조아렸다. 양쪽에서 내관의 부축을 받고 올라온 임금이 장난스럽게 물었다.

"짐이 객래불기(客來不起)[53]라 했는데 어찌 자리에서 일어났느냐?"

"주상전하를 어찌 손님과 같이 대접하겠사옵니까. 정무에도 바쁘실 텐데 어인 일이십니까?"

---

[53] 손님이 와도 일어나지 말라는 뜻으로 정조가 직접 규장각 각신들에게 지시한 사항이다.

"하문할 게 있어서 왔느니라."

내관이 표범가죽으로 만든 방석을 의자에 깔자 임금이 앉았다. 미리 지시해 뒀는지 내관들은 아래층으로 내려가면서 2층에는 두 사람만 남았다.

"혹시 경상도 울산 태화강에서 소박맞은 여인이 빠져죽은 사건을 기억하느냐?"

"견 소사 사건 말씀이시옵니까?"

정약용의 대답에 임금이 고개를 끄덕거렸다.

"그 사건이라면 전하께서 친히 범인을 밝혀내지 않으셨사옵니까?"

"살옥에 관련된 일은 신중하고 또 신중해야 하는 법이니라. 짐의 실수로 죄 없는 백성이 죽고 살인자가 대낮에 거리를 활보하는 일은 막아야 하지 않겠느냐? 이미 오래전 일이긴 하지만 내 판단이 옳았는지 확인해 보고 싶구나."

정조의 얘기를 들은 정약용이 공손하게 대답했다.

"하문하시옵소서."

"짐이 왜 그 자를 범인으로 지목했는지 조목조목 설명하겠느니라. 그대는 내 얘기를 듣고 맞는지 틀리는지, 혹은 의문점이 있는지 생각해서 고하여라."

둘의 대화는 내관이 백동으로 만든 장죽을 들고 나타나면서 잠시 중단되었다. 애연가인 정조는 시도 때도 없이 담배를 태웠다. 깔끔한 걸 좋아하는 정약용은 담배에 질색했지만 차마 내색할 수는 없었다. 장죽을 바친 내관이 뒷걸음질로 물러나자 곤룡포의 소매를 살짝 걷은 임금이 물부리를 물고 힘껏 담배를 빨아들였다. 담배 냄새가 서서히 퍼져나갔다. 천정을 향해 연기를 내뿜은 임금이 고개를 살짝 숙이고 있던 정약용을 보고 웃었다.

"참, 그대는 담배를 싫어한다고 그랬지?" 대답할 말을 찾지 못한 정약용이 머뭇거리자 임금이 한 번 더 웃으면서 얘기를 시작했다.

정약용과 콤비로 활약하다

조선의 22대 임금인 정조는 비운의 개혁군주로 조명받고 있다. 불과 11살의 나이에 아버지 사도세자가 할아버지 영조에 의해 뒤주에 갇혀서 죽는 충격적인 일을 겪었다. 그리고 왕위에 오르기까지 끊임없이 노론의 견제를 받았다. 심지어는 암살 위협까지 받기도 했지만 결국 이 모든 것을 이겨내고 왕위에 올랐다. 왕위에 오른 그가 가장 먼저 한 것은 죽은 아버지의 복수가 아니라 규장각의 설치였다. 그것도 임금의 개인공간이나 다름없는 후원의 경치 좋은 곳을 골라서 세우고, 젊고 능력 있는 신하들을 배치했다. 이것은 정조가 얼마나 큰 그림을 그릴 줄 알았던 정치가였는지를 단적으로 보여주는 사례다. 정조가 즉위할 즈음의 조선은 임진왜란과 병자호란의 충격에서 어느 정도 벗어난 상태였다. 명나라 대신 중원을 지배한 청나라의 종주권을 인정함으로써 국제 정세도 다시 안정되었다. 하지만 당쟁이 격화되는 와중이었고, 국가체제의 근본이었던 신분제는 크게 흔들렸다. 정조는 할아버지 영조의 탕평 정책을 이어받아서 정국의 안정을 꾀하는 한편, 규장각을 통해 정약용을 비롯한 이덕무, 박제가 등 젊고 능력 있는 신하들을 육성했다. 이렇게 바쁜 와중에도 정조는 살인사건에 대해서 깊은 관심을 가지고 신중하게 판결을 내렸다.

조선시대에도 사형에 해당하는 범죄는 오늘날처럼 복잡한 절차를 통해 판결이 내려졌다. 사형에 해당하는 죄는 대략 모반죄와 살인죄 등이 있다. 모반죄 같은 정치적인 사안은 의금부를 통해 처리되었고, 그 외의 일반 범죄는 포도청에서 맡았다. 일단 죄인들을 세 차례에 걸쳐서 심문을 해서 죄상을 밝혀내는 삼복제도가 기본이었다. 오늘날의 삼심제와 비슷한 이 제도는 세심한 조사를 통해 억울한 누명을 쓰지 않았는지 밝혀내는 것이 주목적이었다.

살인사건의 경우에는 피살자의 시신에 대한 조사도 이뤄졌는데 『신주무원록』의 항목들을 토대로 사인을 밝혀내려고 애썼다. 시신에 대한 조사는 더욱 엄격하게 이뤄졌는데 조사관을 바꿔서 세 차례에 걸쳐 진행하는 삼복제를 시행했다. 그러고도 밝혀지지 않으면 중앙에서 파견한 관리가 직접 조사를 하기도 했다.

조사가 끝나고 범인이 밝혀지면 최종 조사보고서에 해당하는 결안이 작성된다. 형조가 바친 결안을 보고 임금이 최종결정을 내린다. 이것으로 모든 재판 절차는 끝나고 판결에 따른 집행이 뒤따랐다. 정조는 사형수들에 대한 조사를 더욱 강화하는 한편, 『신주무원록』을 보완해서 새로 간행하고, 시신을 조사하는 관련 조항들도 정리했다. 그런 와중에 직접 사건의 범인을 지목하거나 범행수법을 밝혀서 재조사를 지시하는 경우가 종종 있었다. 현장을 살펴보거나 직접 관련자들을 심문하지 않고도 사건을 꿰뚫어본 능력을 발휘한 것이다.

울산 태화강에 사는 뱃사공 문순삼이 헐레벌떡 관아로 달려온 것은 정조가 왕위에 오른 지 14년째인 1790년 4월 초 하루였다.

"오늘 아침에 나루 앞에 있는 우리 집에서 밥을 먹으면서 강을 보고 있는데 남녀 한 쌍이 나타났습니다. 남자는 검은 갓을 쓰고 도포 차림이었고, 여자는 흰옷을 입고 있었는데 저를 부르지 않고 작은 쪽배를 타고 강 한복판으로 나갔습니다. 중류를 지나 남쪽 언덕에 닿기 전에 갑자기 여자가 강으로 몸을 던졌습니다. 남자는 그 광경을 보고도 구해주지 않고 그대로 노를 저어서 남쪽 언덕에 쪽배를 대고는 그대로 도망쳤습니다. 깜짝 놀라서 다른 배를 타고 강을 건너서

뒤쫓았지만 종적을 감춰버리고 말았지 뭡니까? 할 수 없이 쪽배만 거둬가지고 돌아왔습니다."

소식을 들은 울산부사는 즉시 사람을 보내서 강에 빠진 여인을 찾을 것을 지시했다. 사건을 신고한 문순삼은 쪽배에 남아 있던 물건들을 거둬서 바쳤다. 푸른 베로 만든 보자기에 엽전 30문과 흰 모시베, 여인이 머리를 묶을 때 쓰는 다리꼭지 세 개, 저고리 한 벌과 헤진 버선 한 켤레였다. 물에 빠져죽은 여인의 시신은 곧 건져냈다. 2미터가 넘는 물속에서 건져낸 시신에 다친 흔적은 보이지 않았다. 대신 손톱 밑에 모래와 진흙이 끼어 있었고, 살결은 하얗게 변했다. 복부는 크게 부풀어 오른 상태였다. 『신주무원록』에 나오는 물에 빠져 죽은 항목과 정확하게 일치했다. 만약 죽은 상태에서 물에 빠졌다면 살결이 누렇게 뜨고 손톱 밑에 모래와 진흙이 없게 된다. 또한 결박당한 상태에서 빠졌다면 그 부위에 피맺힌 흔적이 남아 있게 된다. 태화강에서 건져낸 시신은 살아있는 상태에서 물에 빠져죽은 것이다. 문제는 스스로 뛰어들었는지 아니면 누군가의 손에 의해 강제로 물에 빠졌는지였다.

물에서 건져낸 여인의 시신은 다음날 오후, 관아에서 검험할 예정이었다. 초검관은 사건이 발생한 지역을 책임지는 울산부사였다. 준비가 끝나고 검험이 시작되기 직전 유족으로 자칭하는 견성민이 나타났다.

"죽은 여인은 제 여동생인 견 소사입니다. 한번 혼례를 올렸다가 실패하고 곽임택이라는 남자와 재혼했는데 그곳에서도 말썽을 일으켰습니다."

견성민은 누이동생인 견 소사가 평소 사납고 드센 성격 때문에 시어머니와 남편과 사이가 좋지 않았다고 털어났다. 결국 마을 사람들이 몰려와서 그녀의 못된 성질을 꾸짖으면서 그녀의 결혼생활도 끝장나버렸다. 결혼한 지 3년 만에 시댁에서 쫓겨나고 만 것이다. 할 수 없이 집으로 돌아왔지만 자신을 비롯한 형제들과도 사이가 좋지 않아서 머물 곳이 마땅치 않게 되었다. 갈등에 지친 누이동생을 측은하게 여긴 견성민은 그녀의 마음을 위로해 주기 위해 함께 배를 탔다. 견성민이 이런저런 얘기를 하면서 노를 저어가는데 그녀가 갑자기 신세 한탄을 하더니 물속으로 뛰어들었다. 누이동생의 갑작스러운 행동에 당황한 그는 맞은편에 배를 대고서 사람을 부르기 위해 뛰어갔다고 얘기했다.

시댁에서 쫓겨나서 친정으로 돌아왔던 여인이 결국 다시 돌아가다가 자살한 것은 당시 분위기상 흔히 있는 일이었다. 따라서 견성민의 진술로 인해 견 소사의 죽음은 자살로 처리될 뻔했다.

하지만 초검관의 발사(跋辭)[54]를 본 정조의 생각은 달랐다. 우선 그

---

[54] 시신을 조사한 검시관이 자신의 의견을 적은 보고서

가 주목한 것은 견성민의 행동이었다. 누이동생의 기분을 달래주기 위해서 강으로 나왔다고 했지만 뱃사공을 부르는 대신 익숙하지 않은 노를 직접 저으면서 단 둘이 배를 타고 나갔다. 그리고 강 한복판에 이르러서 여동생이 물에 뛰어드는 것을 봤으면서도 당황하거나 도움을 요청하지 않고, 그대로 노를 저어서 맞은편으로 갔던 점을 의심했다. 더군다나 강을 바로 건너지 않고 수심이 깊은 중류 쪽으로 갔던 것도 의심스러워했다. 울산부사 역시 같은 지점을 의심했는지 견성민을 추궁했다. 그러자 견성민은 놀라운 사실을 털어놨다.

"사실은 누이가 시댁에서 쫓겨나서 더 이상 세상을 살 의욕이 없다고 했습니다."

견성민은 누이동생의 얘기를 듣고 처음에는 완강하게 반대했지만 처지를 비관한 그녀의 굳은 결심에 결국 눈물을 머금고 도와주기로 했다고 말했다. 견성민의 설명은 그 동안 품었던 의문점들을 해결하는 데 부족함이 없었다. 비록 그녀의 죽음을 말리지는 않았지만, 당시 분위기상 남편에게 쫓겨난 여인을 거두는 것은 친가에서도 부담이 되는 일이었다. 그녀의 죽음이 그렇게 마무리되는 것 같았다. 하지만 정조는 또 다른 의문을 품었다. 울산 부사 역시 임금과 같은 의문을 품었다.

"정말로 강에 뛰어들어서 자살할 결심을 했다면 돈과 베가 든 보자기는 왜 들고 간 것이냐?"

이미 많은 사건들을 살펴봤던 정조는 초검의 발사만 보고도 이것이 자살이 아니라 타살이라는 사실을 눈치챘다.

결정적인 단서는 그녀가 남긴 보자기에 담긴 물건들이었다. 자살자들은 보통 주변을 깨끗하게 정리하고 실행에 옮긴다. 따라서 정말 그녀가 자살을 결심하고 배를 탔다면 돈과 베가 든 자질구레한 보자기를 굳이 챙길 필요가 없었다. 정조와 정약용은 견성민이 집안의 골칫거리인 누이동생을 죽이기 위해 물속으로 떠밀어 버렸다고 추측했다. 그래서 일부러 수심이 깊은 강의 중류 쪽으로 배를 끌고 갔다고 봤다. 사건을 조사하던 울산부사도 정조와 같은 생각이었는지 견성민을 살인범으로 지목해서 체포했다. 그리고 공정한 조사를 위해 이웃 고을의 언양 현감으로 하여금 복검을 실시하도록 협조를 요청했다. 재미있는 사실은 이 사건을 직접 조사하고 견성민을 범인으로 지목한 울산부사가 다름 아닌 정약용의 아버지인 정재원이었다는 점이다. 아버지로부터 명탐정의 재능을 이어받았던 것일까? 정약용은 이 사건을 『흠흠신서』에 기록하면서 말미에 이런 말을 적어놓았다.

"여인이 절개를 지키지 않은 것은 원래 죽을 만한 일은 아니다. 그런데도 죽였으니 어찌 죄를 벗어날 수 있겠는가?"

정조는 비록 현장을 둘러보거나 관련자들을 직접 심문하지는 못했다. 하지만 백성들의 억울함을 남겨두지 않겠다는 사명감과 명석한 두뇌로 종이 위에 적혀 있는 사실을 토대로 사건의 진상을 밝혀냈다.

그리고 그 과정에서 정약용의 도움이 결정적인 역할을 했다.

얘기를 마친 임금의 코와 입을 통해 하얀 담배연기가 퍼져 나갔다. 가만히 듣고 있던 정약용이 고개를 끄덕거렸다.
"주상전하의 판단이 옳으셨습니다. 후에 형장을 가해 심문을 하자 견성민이 자백을 한 것으로 알고 있습니다."
"집안의 부담을 덜고자, 혹은 남의 눈이 두려워서 산 사람의 목숨을 끊다니 참으로 암담한 일이로다."
"전하께서 그런 어리석은 백성들을 잘 타이르고 굽어 살피시니 곧 어심을 깨달을 것이옵니다."
"짐이 그대를 형조참의로 임명하고 여기에 데리고 온 뜻을 알겠느냐?"
"살릴 사람이 죽어야 하는 억울함이 없도록 하고, 죄를 짓고도 뉘우치지 않는 자들을 잡아내라는 것 아니겠습니까?"
대답을 들은 임금이 너털웃음을 지었다. 그리고 짓궂은 표정으로 장죽을 입에 물고는 정약용을 향해 담배 연기를 내뿜었다.

정조처럼 존귀한 신분으로서 범인을 찾아내던 탐정은?
피터 윔지 경 Lord Peter Wimsey 도로시 세이어즈 지음

제왕이 통치하던 시대가 가고 만민이 평등한 시대가 된 지 오래다. 하지만 아직 왕, 혹은 여왕이 존재하는 일부 국가가 있는데, 그런 나라에는 왕족뿐만 아니라 귀족도 여전히 남아 있다. 현대 문명의 산물이라고 할 수 있는 추리소설에서는 신분 같은 것은 무시하는 주인공도 많지만 귀족 출신도 적지 않다. 예를 들어 최초의 탐정으로 잘 알려진 에드거 앨런 포의 오귀스트 뒤팽은 몰락한 귀족 집안 출신이며, 러시아의 왕위 계승 받을 예정이었으나 모종의 불운한 사랑 때문에 조국을 떠난 잘레스키 왕자도 있다. 또한 클리포드 애시다운이 탄생시킨 롬니 프링글은 귀족이면서 또한 도둑이었다. 토머스 핸슈이 창조해낸 해밀턴 클릭은 동유럽 작은 왕국의 왕자였으나 어머니의 스캔들 때문에 프랑스로 망명해서 범죄 행각을 벌이다가 개과천선하여 명탐정이 된 케이스였다.

이들보다 약간 뒤에 등장해서 훨씬 높은 명성을 쌓은 인물이 피터 윔지 경(卿)이다. '피터 데스 브리든 윔지'라는 거창한 본명보다 피터 경이라는 간단한 호칭으로 잘 알려진 그는 1890년 15대 덴버 공작의 둘째아들로 태어났다. 이튼 학교를 거쳐 옥스퍼드대학을 졸업하고 육군에 입대해 1차 대전에 참전, 정보장교로 활동했다. 전쟁이 끝난 후에는 런던 피카딜리 110A 플랫의 집에서 부관이었던 번터를 집사로 삼아 유유자적한 나날을 보낸다.

6피트(약 180cm)의 신장, 소탈해 보이고 유머도 깃들인 인상이지만 별다른 특징이 없는 얼굴이며 식성은 까다로운 편이다. 게다가 식후에는 반드시 커피를 마시는 습관이 있다. 그의 집사 번터가 커피를 아주 잘 끓여서인지도 모르겠다. 외알 안경을 착용하고 지팡이를 항상 가지고 다닌다. 단테를 좋아하고, 바흐의 작품을 피아노로 연주하는 것을 즐기는 등 예술적인 감각이 뛰어날 뿐만 아니라 고서 수집, 크리켓 등 다양한 방면에 조예가 깊다. 범죄 연구에 취미 이상의 관심을 가지고 있어 범죄학에 관한 책을 쓸 정도이다.

윔지 집안의 문장은 눈에 띄는데, 검은 바탕의 방패에 쥐 3마리가 달리는 그림이 있고, 그 위에 고양이 한 마리가 도약하려는 자세를 취하고 있으며, 양 옆에는 갑옷을 입은 두 기사가 버티고 서 있는 모습이다. 그리고 기사가 발을 디딘 받침대에는 '나, 윔지를 지키리'라는 글이 새겨져 있다.

남의 눈에 띄지 않고 살아갈 수 있었던 그였지만, 1921년 벌어진 유명한 보석 도난사건의 검찰 측 증인으로 나서서 해결에 결정적 역할을 한 후 '귀족 탐정'으로서 명성을 얻었다. 이후 사람들은 그를 '상류층 구역의 셜록 홈즈'라고 부르게 된다. 생활하는 데 불편이 없는 그는 타인의 간섭을 적게 받는 귀족이라는 특권을 살려 마치 취미 활동처럼 탐정 역할을 자처했다. 심지어는 범죄조직을 일망타진하기 위해 가족과 친구들을 속인 채 자신이 죽은 것으로 위장하고 오랜 기간 동안 남의 이름으로 살아갈 정도다. 집안에서도 그를 못마땅하게 여기는 사람이 많았지만, 친형인 제럴드 윔지 경이 살인 혐의자로 몰렸을 때 결백을 증명하는 데 성공하면서 가문에서도 인정을 받게 된다. 그의 평생 반려자가 되는 해리엇 베인과의 만남도 살인사건으로 인해 이루어진다. 애인 살해 혐의로 구속된 여성 추리소설가 해리엇 베인을 처음 만난 피터경은 그녀의 무죄를 밝히기 위해 사건을 수사하는 동안 총명하고 성격도 좋은 그녀에게 마음을 빼앗기고 만다. 피터경은 해리엇의 혐의를 벗기고 여러 차례 구혼을 거듭한 끝에 결국 결혼에까지 이른다. 비록 괴상한 사건이 자주 따라다니지만 그들의 결혼생활은 무척 행복하여 피터경이 마지막으로 등장하는 작품에서는 3명의 아들을 거느린 화목한 집안의 모습을 볼 수 있다.

12. 심리수사 기법으로 범인을 찾다
이름 모를 서흥 부사

정조 7년 (1783), 10월 어느 날

측간에 가기 위해 방 밖으로 나온 김성빈은 부엌에서 들려오는 이상한 소리에 걸음을 멈췄다. 가만히 주변을 살피던 그의 눈에 반쯤 열린 부엌 문 안에서 움직이는 검은 그림자가 잡혔다. 김성빈은 버럭 소리를 질렀다.

"도둑이야! 도둑!"

어두컴컴한 밤하늘에 날카로운 목소리가 울려 퍼졌다. 부엌에 있던 도둑은 깜짝 놀라서 밖으로 나오려다가 김성빈이 버티고 있는 것을 보고는 주춤주춤 물러섰다. 한밤의 침입자를 보고 화가 머리끝까지 치밀어 오른 김성빈은 어서 나오라고 고함을 질렀다.

"가까이 오지 마! 칼이 있다!"

궁지에 몰린 도둑은 부엌에 있던 칼을 쥐고 소리쳤다. 하지만 도둑의 위협에도 불구하고 김성빈은 물러서지 않았다. 이웃 주민들이 잠을 깰 기미를 보이고 동네 개들이 컹컹거리자 마침내 도둑은 부엌 밖으로 나왔다. 기다리고 있던 김성빈은 도둑의 양팔을 덥석 움켜잡았다.

"잡았다! 이놈!"

"잘못했소. 놔주시구려."

도둑은 다그치는 김성빈에게서 작은 목소리로 애원하면서 얼굴을 돌린 채 뒷걸음질을 쳐서 도망치려고 했다. 하지만 김성빈은 붙잡은 팔을 놓지 않고 소리쳤다.

"얼른 무릎을 꿇어라. 이놈아!"

김성빈의 완력에 도둑의 저고리 소매가 찢겨졌다. 무릎이 꿇려지던 도둑은 오른손에 쥐고 있던 칼로 김성빈의 왼쪽 겨드랑이를 힘껏 찔렀다. 칼에 찔린 김성빈이 비명을 지르며 나자빠지자 도둑은 뒤도 돌아보지 않고 어둠 속으로 달아났다. 뒤늦게 나온 김성빈의 부인과 딸이 쓰러진 그를 보고는 달려왔다. 숨을 헐떡거리던 김성빈이 중얼거렸다.

"얼굴을 보이지 않으려고 했어. 목소리도 낯이 익은 걸 보면 분명 이웃집에 사는 놈 소행일 거야."

그러고는 힘이 빠졌는지 고개를 바닥에 떨어뜨렸다. 그의 겨드랑이에서 흘러나온 피가 슬금슬금 어둠 속으로 흘러갔다. 싸리 담장 밖에서는 옆집 사람들이 하나둘씩 나와서 지켜봤다.

황해도 서흥의 어느 마을에서 이처럼 잔혹한 살인이 벌어진 것은 삼경(三更)⁵⁵무렵이었다. 날이 밝아오고, 소식을 들은 마을 사람들이 하나둘씩 모여들었다. 하지만 누구의 입에서도 범인을 잡아야 한다거나 관아에 신고해야 한다는 말은 나오지 않았다. 섣불리 범인을 잡으려고 했다가 남은 가족들이 보복을 당할 수 있기 때문이었다. 관아에 신고하는 것도 좋은 방법은 아니었다. 바쁜 농사일이 한창인 때 조사받는다고 몇 번 끌려 갔다오면 일을 못하기 일쑤였다. 더불어 아전들이 조사를 핑계로 마을을 돌아다니면서 재물을 빼앗는 일도 빈번했기 때문에 마을 주민들 모두에게 불행한 일이었다. 다음날 칼에 찔린 김성빈이 세상을 떠나면서 조용히 장례가 치러졌다.

지문감식이 불가능하고, CCTV도 없던 조선시대에도 살인사건은

---

55 밤 11시에서 새벽 1시 사이의 시간을 뜻한다.

적지 않게 벌어졌다. 그런 상황에서 범인을 찾아내야만 했기 때문에 시신의 검시는 더더욱 중요했다. 간혹 시체를 물속에 던지거나 불을 질러서 증거를 인멸하는 경우도 있었기 때문이다. 가장 빈번한 방법은 살해한 시체의 목을 매달아서 자살로 꾸민 것이다.

조선시대의 시체 검시는 정교하고 치밀하게 이뤄졌다. 일단 시신은 사건이 발생한 지역의 행정관이 일차로 검시했다. 초검이라고 불리는 이 검시에는 시신을 직접 조사하는 오작사령과 의생 등이 동원된다. 지금과는 달리 사건 관련자들이 모두 참석하도록 했는데 특히 피살자 가족은 반드시 참여해야만 했다.

준비가 모두 끝나면 시신을 조사하는 일에 착수했다. 일단 사인을 밝히는 것이 우선이었다. 시신의 옷을 하나하나 벗기면서 외상이 있는지 살폈다. 칼에 찔리거나 멍든 흔적이 있으면 자로 상처의 크기와 넓이를 쟀고, 대꼬챙이 등을 이용해서 상처의 깊이도 쟀다. 세종대왕 때는 조사관들이 부상한 사람의 몸에 난 상처의 깊이를 잰다고 대꼬챙이를 쑤셔대는 바람에 이를 금지시킨 적이 있었다. 『신주무원록』에는 흉기에 따라 어떤 상처가 나타나는지 상세하게 기록돼 있다. 사인을 확인할 수 있는 뚜렷한 외상이 없는 경우는 은비녀나 술 찌꺼기 등을 이용했다. 이런 절차를 통해 사인을 밝히는 작업 못지않게 중요한 것이 바로 관련자들의 심문이다.

유동인구가 적은 조선시대에는 마을에 낯선 이들이 들어오는 경우가 드물어서 눈에 잘 띄었다. 조선 후기 암행어사들의 기록을 보면 이방인을 의심스러운 눈초리로 보던 시골 사람들의 모습이 자주 보인다. 이런 상황이었기 때문에 조선 시대 살인사건의 대부분은 주변 이웃이나 가족의 소행이었다. 충동적이고 즉흥적인 사건이 많아 살인범이 곧바로 밝혀지는 경우가 대부분이었다.

단, 여러 사람이 한 명을 집단 구타해서 사망한 경우는 누구의 손에 치명상을 입었는지 밝혀내는 일이 관건이었다. 원칙적으로 피살자의 가족과 이웃주민들은 모두 심문을 받았다. 이때 가장 중요하게 여긴 것은 증언의 일치였다. 즉, 관련자들의 증언이 틀릴 경우 이를 맞춰야 한다는 의미다. 따라서 반복적인 심문이 이뤄졌으며 이 과정에서 용의자는 의심스러운 행동을 하거나 이상한 증언을 할 수밖에 없었다. 만약 용의자가 시체의 검시까지 참여했다면 그 과정에서 받는 압박감과 두려움은 상상을 초월했으리라. 이번 사건의 해결에도 그런 방법이 동원되었다.

당시에는 짐작조차 못 했겠지만 이런 압박방식은 수백 년이 지난 오늘날에도 형사들에 의해 자주 사용된다. 범죄가 치밀해지고 잔혹해지면서 이런 방식으로 범인과 머리싸움을 하는 이들도 생겨났다.

돼지고기를 훔쳐 먹던 도둑의 칼에 찔린 김성빈은 다음날 세상을 떠났다. 하지만 부인은 관아에 신고하지 않았고, 이웃사람들도 입을 다물었다. 그러다가 마을의 풍헌(風憲)[56]이 뒤늦게 문제를 제기하자 할 수 없이 관아에 알렸다.

소식을 들은 서흥 부사는 곧바로 피살된 김성빈의 시신을 검시했다. 치명적인 상처는 왼쪽 겨드랑이 아래에 남았는데 위는 뾰족하고 아래는 넓었다. 오른손잡이의 소행이 확실했다. 상처의 아래쪽이 넓은 것을 봐서는 살인자는 아래에서 위쪽으로 칼을 찔렀다. 상처의 길이는 1촌(약 3센티미터)이고 가운데의 넓이는 6푼(약 1.8센티미터)이었다. 깊이는 정확하게 알 수 없지만, 지방질이 터져 나온 것을 보면 칼이 살갗을 꿰뚫고 들어간 것이 분명했다.

초검을 마친 서흥 부사는 절차에 따라 가족을 비롯한 이웃주민들을 심문했다. 우리가 흔히 알고 있는 원님재판이라고 부르는 방식이었다. 대청의 의자에 서흥 부사가 앉아 있고 뜰에는 불려온 가족과 마을 사람들이 주저앉거나 무릎을 꿇었다. 대청 아래에는 서리가 엎드려서 양쪽의 얘기를 붓으로 적었다.

김성빈을 죽인 도둑이 노렸던 것은 부엌의 솥 안에 있던 돼지고기였다. 흉기로 쓰인 칼도 부엌에 있던 것이었다. 그러니 애초부터 흉기를 가지고 김성빈을 죽일 마음은 없었다. 범행이 발각되자 우발적으

---

[56] 마을의 질서를 바로잡고 농경을 권장하는 직책으로 정식 관직은 아니었다.

로 살인을 저지른 셈이다. 살인을 목격한 김성빈의 가족과 이웃주민들의 증언도 이런 서흥 부사의 추측을 뒷받침했다.

"도둑놈이 김성빈에게 붙들렸을 때 고개를 돌려서 피했고, 목소리를 내지 않았습니다."

서흥 부사는 이 증언을 토대로 범인을 추정했다. 즉, 도둑은 평소에 김성빈과 알고 지내는 사이였다. 그러니까 이웃에 살던 자가 부엌에 몰래 들어와서 돼지고기를 훔쳐 먹다가 주인에게 들키자 칼로 찔러서 죽이고 도망친 것이다. 재물을 노린 도둑의 소행이었다면 굳이 부엌에 들어가서 돼지고기를 노릴 이유도 없었다.

서흥 부사는 이웃주민의 소행이라고 확신을 가졌지만 문제는 범인을 골라내는 일이었다. 한밤중이었으니 범인이 집에 있었다고 발뺌을 해도 알아낼 방법이 없었다. 피살자 가족들조차 보복을 두려워하는 판국이니 목격자가 있다고 해도 입을 열 가능성도 적었다.

하지만 서흥 부사는 독창적인 방법으로 범인을 찾아낸다. 일단 유능한 장교들을 마을로 보내서 요란하게 조사를 시켰다. 그 후 근처에 사는 마을 사람들의 명단을 작성하고 전부 관아 뜰에 모이게 했다. 그리고 신중하게 사람들의 얼굴빛과 행동을 관찰했다. 관아에서 파견된 장교들이 이미 마을을 들쑤시고 지나갔으니 범인은 분명 조사가 진행되고 있음을 알고 있었다. 만약 범인이 잡혀온 마을 사람들 안에 있다면 반드시 이런저런 압박과 불안감에 못 이겨 눈에 띄는 행동을 할 것이라고 판단했다. 아니면 범인을 아는 누군가가 입을 열 것이라고 생각했다. 아마 사건과 관련된 질문을 던지거나 한 군데 모아놓고 이 안에 범인이 있으니 곧 잡아낼 수 있을 것이라는 식의 얘기를 통해 범인을 압박했을 가능성도 높다.

서흥 부사의 예상은 정확하게 들어맞았다. 관아 뜰에 끌려온 은단이라는 여자가 어린 아이와 얘기를 주고받으면서 용의자의 이름을 언급한 것이다. 서흥 부사는 곧장 용의자로 지목된 이삼봉을 체포했다. 그는 붙잡히자마자 모든 걸 털어놨다. 흉기로 쓰인 칼과 범행 당시 입고 있던 소매가 찢어진 저고리도 순순히 제출했다. 하지만 신중한 서흥 부사는 마지막까지 의심했다. 대낮에 벌어진 살인사건도 사실이 아니라고 버티는 사람들이 많은데 고문을 당하지도 않고 순순히 자백한 것이 이상하다고 여긴 것이다. 거기다 평소 행실에 문제가 있었다는 점도 주목했다. 그가 잡히자마자 마을 사람들의 반응은 '그럴 줄 알았다'였다. 유부녀를 겁탈하고 이웃 마을에 가서 행패를 부리는 등 거칠고 사나운 사내였다. 서흥 부사는 혹시나 주위의 미움을 받아서 범인으로 몰린 것이 아닌지 한 번 더 신중하게 조사했다. 하지만 심문 과정에서 그가 범인이라는 점이 확실해지자 서흥 부사는 범행을 보고도 신고하지 않은 이웃 주민들과 살인에는 가담하지 않았지만, 함께 현장에 간 김용복도 체포했다.

한편 이삼봉은 그새 마음을 바꿔 증언을 번복하고 다른 사람들까지 끌어들였다. 서흥 부사는 번복한 증언들이 일관성이 없고, 횡설수설한다는 점을 들어서 묵살했다. 그리고 재검관으로 지정된 신계현령에게 사건을 넘겨줬다. 보고를 받은 정조는 김성빈이 도둑을 잡지 않았다면 살인사건이 나지 않았을 것이라고 안타까워했다. 그리고 범인이 애초부터 죽일 마음이 없었다는 점도 간파했다. 하지만 칼에 찔린 사람이 죽은 것이 명백하니 사건의 진상을 남김없이 밝혀내라고 지시했다. 이삼봉은 진술을 뒤집는 바람에 옥사는 1790년까지 이어졌다. 거듭된 고문 끝에 결국 자신의 죄를 자백했다. 정조는 그의 죄는 무겁지만 우발적인 살인이었으니 엄한 매질을 하고 풀어주라고 관찰사에게 지시했다. 한편 이 사건의 전모를 『흠흠신서』에 기록한 정약용은 서흥 부사의 보고서가 정확하게 작성되었다며 칭찬을 남겼다. 더불어 보고서를 작성한 관리의 이름이 남아 있지 않음을 안타깝게 여겼다.

서흥 부사처럼 범인들의 심리를 간파한 탐정은?
링컨 라임 Lincoln Rhyme 제프리 디버 지음

20세기 초반 추리소설에서 활약했던 손다이크 박사의 수사방법은 당시로써는 대단히 파격적이었다. 범죄수사를 위해 온갖 설비를 갖춘 개인 연구실을 가지고 있으며, 밖으로 나갈 때는 '휴대용 실험실'이라고 불리는 녹색 가방을 항상 들고 다니는데, 그 안에는 각종 약품과 소형 현미경을 비롯해 자신의 연구실을 축소해 놓은 듯한 다양한 실험장비가 들어 있다. 사건을 만나면 현장의 증거품을 크든 작든 모두 수집하여 조사·분석해 사건 해결에 나서는 것이다. 이때만 해도 용어 자체가 생소했던 과학수사는 다양한 작품과 영화, 드라마 등을 통해 익숙해졌으며 실제로도 사건 해결과 범인의 유죄 판결을 위해 당연히 필요한 과정이 되었다.

현대 과학수사를 상징하는 인물은 여럿 있지만, 그중에서도 링컨 라임이 가장 인상적이다.

시카고 교외에서 과학자인 아버지와 교사인 어머니 사이에서 태어난 그는 고등학교를 수석으로 졸업하고 대학에서는 화학과 역사를, 대학원에서는 지질학, 기계공학, 그리고 과학수사를 전공했다. 이후 뉴욕의 경찰학교를 졸업하고 범죄현장감식반 소속의 형사로 경찰업무를 시작한 그는 뛰어난 능력으로 승진을 거듭해서 경감의 지위에 올랐다. 곧이어 뉴욕 시경의 과학수사본부장을 맡게 된다.

그러나 공사 중이던 지하철 터널에서 범죄 현장을 조사하다가 떨어지는 들보에 맞아 척추가 부러지는 중상을 입었다. 한때는 호흡기 없이 숨을 쉴 수 없을 정도로 위중한 상태였으나 목숨은 건진다. 그러나 이로 말미암아 어깨 위 머리와 왼손 약지를 제외한 전신이 마비되는 상태에 놓인다. 명석한 두뇌에 일 중독자라고 할 정도로 업무에 열중한 라임이었지만, 사고 이후 신경질적이고 독설만 남은 사람으로 변한다. 자신의 힘으로 자살도 할 수 없는 신세라는 절망감에 삶의 희망을 잃고 안락사를 꿈꿔 오다가 병상 생활 3년 만에 과거 경찰 시절 동료의 부탁을 받고 다시 수사에 뛰어든다. 연쇄살인범 본 컬렉터를 잡아낸 것을 시작으로 뉴욕 시경 특별고문으로 활약하면서 자신의 지식과 경험을 살려 범죄자들을 추적하고 있다. 최근에는 꾸준한 훈련을 통해 손과 발을 약간씩 움직이고 감각도 조금 되찾은 상태다. 불편한 몸을 이끌고 강의 및 저작 활동까지 하는 맹렬함을 보여준다.

고풍스러운 그의 집은 웬만한 연구실을 뺨칠 만한 과학 장비로 가득 차 있다.

몸은 움직이지 못하지만 과거의 경험은 그대로 남아 있어 미세먼지의 분석만으로도 그것이 뉴욕의 어느 곳에서 나온 것인지 알아낼 정도이며, 범죄자의 심리 파악에도 능해 때로는 몇 수 앞서가기도 한다.

그의 조수 역할을 하는 인물은 순찰경관 출신 아멜리아 섹스. 모델 경력이 있을 정도의 미모에 짙은 빨강머리가 돋보이는 그녀는 사격 실력이나 담력에 비해 현장 감식 경력이 일천한 편이었다. 하지만 타고난 기지와 라임의 혹독한 교육 덕택에 그의 파트너로써 부족함이 없는 인물로 성장한다. 섹스 이외에도 몸을 못 움직이는 라임을 대신해 여러 사람이 손발 노릇을 한다. 간병인인 톰은 라임의 가시 돋친 독설을 한 귀로 듣고 한 귀로 흘려버릴 정도의 느긋한 성격의 소유자다. 과거 동료였던 살인과 형사 론 셀리토를 비롯해 증거분석가 멜빈 쿠퍼, '카멜레온'이라는 별명이 붙을 정도로 변장술이 뛰어난 FBI 수사관 프레드 델레이 등 다양한 인물들이 악독하며 기이한 범죄자를 체포하는 데 도움을 준다. 그는 부하나 동료들에게 자신과 맞먹을 만큼 높은 수준의 성과를 요구하지만, 그들을 최대한으로 보호하는 자상한 면을 보이기도 한다.

동료들은 그에 대해 물적 증거에 관한 한 미국, 아니 세계에서 라임을 능가할 사람은 없을 것이라고 평가한다. 또한 작은 증거만을 가지고 범죄자의 심리까지 파악하는 능력 또한 최고 수준이라 할 수 있다.

13. 조선 투캅스
좌포청 군관 이종원, 우포청 군관 육중창

정조 12년 (1788년), 6월 13일

　마포 나루는 늘 그렇듯 시끌벅적했다. 뱃길을 따라 올라온 경강선(京江船)[57]들이 나루터에 들어서면 짐꾼들이 부지런히 배와 육지를 오가면서 쌀가마니를 날랐다. 나루터에는 객주들이 보낸 호객꾼들과 기생들이 선주들을 이리저리 잡아끌었다. 뭍으로 내려온 쌀가마니들은 객주의 창고로 옮겨졌고, 장부책을 든 청지기가 들어오고 나가는 숫자를 적었다. 사람들이 바삐 오가는 나루터에는 화려한 그림이 그려

---

57 한강을 근거지로 하는 경강상인들의 배. 주로 세금으로 거둔 곡식과 지주들의 소작료로 걷은 곡식들을 운반했다.

진 전모(氈帽)[58]에 항아리처럼 부푼 치마를 입고 나귀에 올라탄 기생들과 맨발에 구멍이 숭숭 뚫린 잠방이만 입은 일꾼들이 자연스럽게 뒤섞였다. 크고 작은 객주들 주변에는 자연스럽게 난전이 들어섰는데 대부분 가가(假家)[59]들이었다. 사람들이 오가느라 진흙탕이 된 난전에는 흥정을 붙이는 여리꾼들과 거지들과 무뢰배들이 들끓었다. 곰방대를 꽂은 패랭이를 삐딱하게 쓴 키 큰 무뢰배가 난전 한구석에 자리 잡은 아낙네를 상대로 시비를 걸었다.

"오늘도 나왔다 이거지? 내 말이 말 같지가 않아?"

"그게 아니라, 장사를 해야지 자리값이건 뭐건 낼 거 아니에요."

작은 빗이랑 거울 같은 것들을 자리 위에 펴놓고 팔던 아낙네가 억울하다는 표정으로 하소연을 했지만 무뢰배는 들은 척도 안 했다.

"그거야 네년 사정이고 자리값 없으면 음문으로 대신 셈을 치르든가."

무뢰배의 말에 아낙네는 얼굴이 빨개져서 주변을 두리번거렸다. 그러다 더그레 차림에 벙거지를 쓴 포졸을 보고는 반색을 했다.

"아이고, 포졸 나리. 저 무뢰배 좀 어떻게 해 주십시오. 나라에서 난전을 허한다고 해서 입에 풀칠이라도 하려고 나왔는데 하루가 멀

---

[58] 조선 후기 여성이나 기생들이 외출할 때 머리에 쓰던 쓰개로 대나무 살에 기름종이를 바르고 그 위에 그림이나 글씨를 새겨넣었다.
[59] 임시로 세워진 노점상들.

다 하고 찾아와서 자리값을 내라고 행패입니다요."

아낙네의 애원을 들은 포졸이 씩 웃었다.

"아이구, 이렇게 목 좋은 곳에서 장사를 하면서 자리값도 안 내려고 했느냐?"

포졸의 얘기를 들은 아낙네가 어이가 없는 표정을 지었다. 포졸이 실실 웃으면서 진흙이 잔뜩 묻은 미투리로 아낙네가 팔던 거울이며 빗을 짓밟았다.

"장사밑천 다 날리고 싶어? 좋은 말 할 때 자리 값 내라고."

어쩔 줄 몰라 하던 아낙네는 두 사람의 뒤쪽을 보고는 소리쳤다.

"진짜 군관 나리십니까? 이놈들 좀 혼내주십시오."

그러자 포졸이 아낙네에게 발길질을 하면서 소리쳤다.

"이게 누굴 바보로 아나? 오늘도 자리값 안내면 피 볼 줄 알아."

그 광경을 지켜보며 시시덕거리던 무뢰배는 무심코 뒤를 돌아봤다가 그대로 얼어 붙어버렸다. 그러고는 포졸에게 소리쳤다.

"어서 튀어."

"뭐라고?"

신나게 발길질을 하던 포졸이 뒤를 돌아보면서 반문했지만 무뢰배는 이미 행인들 사이로 자취를 감춘 다음이었다. 어리둥절해하는 포졸의 어깨를 누군가 툭툭 쳤다.

"어이, 가짜 포졸!"

"어느 놈이 감히 시비야!"

버럭 고함을 지르며 소리가 난 쪽을 돌아보던 포졸의 머리에 쇠좆매가 떨어졌다. 동료를 버리고 헐레벌떡 도망가던 무뢰배는 상점의 기둥을 붙잡고 숨을 골랐다. 뒤를 돌아봤지만 아무도 쫓아오지 않는 것을 보고는 안도의 한숨을 내쉬려는 찰나 상점 옆 골목에서 튀어나온 그림자가 무뢰배의 발등을 철편으로 내리쳤다.

쇠좆매에 맞아서 머리가 깨진 가짜 포졸과 발등이 퉁퉁 부은 무뢰배는 시장 구석의 푸줏간에 끌려왔다. 둘을 제압한 사내들 중 한 명이 푸줏간 주인인 백정과 쇠좆매에 쓸 적당한 고환가격을 흥정했다. 그 사이 다른 한 명이 두 사람 앞에 의자를 가져다 놓고 앉았다.

"한양에서도 가짜 포졸로 먹고살더니 여기서도 이 짓이냐?"

"한양에서 가짜 포졸 행세를 또 하면 허리뼈를 분지른다고 하지 않았습니까? 육 군관님."

육 군관이라고 불린 뚱뚱한 체격의 사내가 가죽 토시를 낀 손을 뻗어서 가짜 포졸의 코를 움켜잡았다.

"한양에서 코앞인 마포 나루는 괜찮고? 네 놈들 패악질이 벌써 한양에 있는 포도대장 나리 귀에까지 들어갔어. 덕분에 바쁜 우리가 여기까지 와야 했잖아. 마침 이 군관이 쇠좆매에 쓸 고환이 필요하다고 해서 겸사겸사 와서 망정이지 안 그랬으면 네 놈들은 벌써 염라대왕

앞에 끌려갔다. 이 놈들아."

"아이고, 한 번만 봐주시면 저 멀리 내려가겠습니다요."

코를 비틀린 가짜포졸이 애원했지만 육 군관이 고개를 저었다.

"어림도 없는 소리 마라. 네 놈들을 잡아들이라는 포도대장 나리의 영이 계셨다."

"그러지 마시고 필요하신 게 있으면 물어보시지요. 쇤네가 아는 대로 답하겠습니다."

옆에서 지켜보던 무뢰배가 조심스럽게 입을 열자 육 군관이 가짜포졸의 코를 놨다.

"그래. 네 놈이 말이 좀 통하는구나. 이틀 전에 어떤 미친놈이 의열궁(義烈宮)[60] 북쪽 담장에 있는 기와들을 훔쳐갔다. 덕분에 좌포청과 우포청은 발칵 뒤집혔고, 좌포대장과 우포대장 나리께서 추고(推考)[61] 당하셨단 말이야. 아는 걸 털어놓으면 우리를 여기까지 오게 한 죄를 용서해 주마."

"정말입니까?"

가짜포졸이 비틀렸던 코를 감싸 쥔 채 묻자 육 군관이 백정과 얘기를 하던 이 군관을 힐끔 쳐다봤다.

"저 친구가 쇠좆매를 새로 만들면 분명 사람한테 시험하자고 할 거

---

60 사도세자의 생모인 영빈 이씨의 사당.
61 벼슬아치의 죄를 추궁하는 것.

야. 여기서 바로 할까?"

육 군관의 말에 가짜포졸이 손사래를 쳤다.

"의열궁 기와인지는 모르겠는데 이틀 전에 기와를 헐값에 넘기려고 했던 사람은 있었습니다."

"어디 사는 누구야?"

육 군관의 추궁에 가짜 포졸이 고개를 갸웃거렸다.

"대동에 사는 건 알겠는데……"

가짜포졸이 시간을 끌자 육 군관이 백정과 얘기를 하던 이 군관을 쳐다봤다. 백정에게 소의 고환을 넘겨받은 이 군관은 힘줄을 잡고 힘껏 도마 위에 내리쳤다. 쾅하는 소리에 놀란 가짜포졸이 얼른 입을 열었다.

"대동에 사는 김금금이라는 놈입니다. 코가 빨갛고 담배를 하도 피워서 얼굴이 누렇게 떴습니다요."

"한양 바닥에 누렇게 뜬 얼굴에 코가 빨간 놈이 한 둘이야?"

육 군관이 버럭 고함을 지르자 이 군관이 소의 고환을 만지작거리면서 말했다.

"내가 헛걸음이라고 했잖아. 마침 적당한 고환을 찾았으니까 시험 삼아 머리통이나 깨놓고 가자고."

"아이고. 대동에서 집주름[62]을 하고 있는 오가한테 물어보면 쉬이

---

62 부동산 중개업자.

찾을 수 있으실 겁니다."

"정말이지?"

육 군관의 물음에 가짜포졸이 고개를 조아렸다.

"거짓이면 소인 놈을 물고(物故)[63]해도 좋습니다요."

"좋아. 이번은 눈감아줄 테니까 마포에서 떠라. 우리 귀에 다시 네 놈들 소문이 들어오면 가만 안 놔둘 거야."

으름장을 놓은 육 군관이 일어나자 소의 고환을 챙긴 이 군관도 따라갔다. 둘이 완전히 사라진 것을 확인한 가짜 포졸이 축축해진 바지춤을 내려다보면서 무뢰배에게 말했다.

"또 지렸네. 어서 여길 떠야겠어."

발등을 다친 무뢰배를 부축한 가짜 포졸이 푸줏간을 나가려는 찰나 백정이 앞을 가로막고 손을 내밀었다.

"고환 값 주고 가야지. 어딜 그냥 가?"

"아니 왜 그걸 우리한테 내 놓으라고 그래?"

"군관 나리가 네 놈들이 값을 치를 거라고 하던데?"

백정의 얘기를 듣고 어이가 없어진 가짜포졸과 무뢰배는 두 군관이 사라진 방향을 쳐다봤다.

---

63 죄인이 심문을 받다가 죽는 것을 이른다.

조선판 강력계 명콤비

1788년 6월 29일, 좌포청과 우포청이 함께 올린 보고를 받은 정조는 화가 머리끝까지 치밀어 올랐다. 의열궁의 북쪽 담장에 있던 기와 60장을 훔친 범인을 잡았다는 보고를 뒤늦게 받은 것이다. 오늘날 가로수 받침대나 가드레일을 훔쳐다가 파는 일과 비슷한 사건이 벌어진 셈이다. 문제는 기와장이 사라진 의열궁이 정조의 아버지인 사도세자 생모인 영빈 이씨의 사당이었다는 점이다. 아버지 사도세자의 일이라면 눈물부터 짓고 보는 효자였던 정조는 기와가 사라졌다는 보고를 듣고는 노발대발했다.

"의열궁이 얼마나 중요한 곳인가? 비록 바깥 담장의 기와라고는 하나 없어진 것을 확인한 것이 11일인데 이제 와서야 범인을 찾았으니 이래서야 장차 포청을 어디다 쓰겠느냐? 여러모로 생각해 봐도 경들의 죄가 가볍지 않으니 추고하겠다. 범인을 잡았다고는 하나 관련자들에 대한 조사가 이뤄지지 않았으니 기와를 산 자와 판매한 자들을 모조리 잡아들여서 철저히 조사하라."

정조의 불호령이 그나마 덜했던 것은 범인들이 잡혔기 때문이리라. 지금처럼 지문감식이나 CCTV가 없던 조선시대에는 범인을 색출하는 작업은 쉽지 않았다. 그나마 왕래가 적은 시골이라면 모르겠지만 조선 후기 들어서 인구가 급증한 한양은 그런 방식을 쓰기도 어려웠다. 그렇다면 당시 한양의 인구는 얼마나 되었을까? 1789년 발간된 호구총수에 의하면 18만 9153명이었다. 하지만 이것은 공식적인 인구 통계였다. 당시 한양의 인구는 대략 30만 명이 넘었을 것으로 추정된다. 거기다 성저십리(城底十里)라고 해서 성문 밖 십 리까지는 한양의 행정구역이었으며, 이곳에 사는 인구와 경강이라고 불린 한강 인근의 상인과 날품팔이꾼들까지 포함하면 적지 않은 사람들이 한양 인근에 살았다. 왜 이렇게 한양에 인구가 급증했을까?

조선 후기, 농촌이 피폐해지면서 땅을 잃은 농민들이 일거리를 찾아서 한양으로 몰려들었기 때문이다. 한양의 인구가 단기간에 급증하면서 범죄발생률이 높아졌고, 치안이 어지러워졌다. 조정에서는 좌포청과 우포청의 인원을 증강하는 등 나름의 대책을 세웠지만 대부분 생계형 범죄들이라 쉽사리 줄어들지 않았다. 범죄의 양상도 다양했는데 오늘날의 조직폭력배에 해당하는 무뢰배들부터 과거합격서류를 위조하는 위조범들이 횡행했고, 심지어는 궁궐에 침입해서 물건을 훔치는 도둑들도 있었다. 한양의 뒷골목은 범죄자들과 사기꾼들의 천국이었던 셈이다. 하지만 이런 범죄들에 대해 자신만의 노하우로 대처하는 이들도 늘어났다. 사실 지문감식과 CCTV가 등장하기 전의 대한민국에서도 강력계 형사들의 끈질긴 탐문이 거의 유일한 수사방식이었다. 범죄자들 사이에 정보제공자를 심어두고, 때로는 협박과 위협을 서슴지 않던 이런 방식은 일제 강점기 시절부터 이어져 온 전통이라고 생각하지만 사실 그 뿌리는 훨씬 오래전이었다. 한양의 치안은 좌포청과 우포청이 맡았고 정조를 노발대발하게 만든 의열궁의 기와가 사라진 사건도 바로 이들이 해결했다. 포도청이 의열궁의 기와가 사라진 것을 알게 된 것은 6월 11일이었다. 의열궁의 노비 양세홍이 파랗게 질린 채 포도청을 찾아왔다.

"큰일 났습니다. 본궁 뒤편 북쪽 산기슭에 있는 바깥 담장의 기와가 두 칸이나 없어졌습니다."

신고를 받은 포도청은 즉시 포졸을 보내 현장을 확인했다. 양세홍의 말대로 기와가 감쪽같이 사라져버리고 말았다. 의열궁이 어떤 곳인지 아는 좌포청과 우포청이 발칵 뒤집혔다. 목격자도 없는 상태에서 20만이 넘는 한양 인구들 사이에서 범인을 찾는 일은 거의 불가능에 가까웠다. 범인을 잡지도 못한 상태에서 임금이 이 사실을 알면 어떤 불호령이 떨어질지 알고 있던 포도청에서는 최고의 수사관을 투입하기로 결정했다. 바로 좌포청 군관 이종원과 우포청 군관 육중창이었다.

두 사람이 어떤 방식으로 수사를 했는지는 기록에 남아 있지 않아서 알 수 없다. 하지만 예전 강력계 형사들처럼 끈질긴 탐문과 미행,

잠복을 통해 실마리를 잡았을 것이다. 일단 의열궁이 있던 장동 근처의 무뢰배들과 여리꾼들을 대상으로 조사에 들어갔다. 근래 기와를 사고팔았던 사람들을 탐문하면서 범위를 좁혀나가는 방식을 취했을 것이다. 평소 알고 지내던 별감들이나 장사꾼들에게서 틈틈이 정보를 캐내면서 수사범위를 좁혀나갔을 가능성도 높다. 아마 이 과정에서 적지 않은 폭력과 협박, 그리고 회유가 있었을 것이다. 두 사람이 한양의 뒷골목을 헤집고 다니면서 수사하는 도중 의열궁에서 일하는 내시 이한겸의 노비 업이가 사라지는 일이 벌어졌다. 그의 갑작스러운 실종은 수사범위를 좁히는데 큰 도움이 되었을 것이다.

두 사람은 사라진 업이의 주변 인물을 조사했고, 기와가 사라진 지 닷새만인 6월 15일, 마침내 범인들을 체포했다.

장동에 사는 이오장과 조지서(造紙署)[64]에서 일하던 이인득이 그들이었다. 두 사람에게 기와를 훔치라고 충동질한 사람이 다름 아닌 노비 업이라는 사실도 밝혀냈다. 업이는 사건이 커지자 종적을 감춘 상태였다. 두 사람에게서 기와를 사들인 신금이라는 백성과 안경택이라는 전직 내관이 잡혔고, 기와를 매매하는 데 관여한 대동에 사는 김금금이라는 사람도 붙잡혀왔다. 종적을 감췄던 노비 업이도 다음 달

---

64 조선시대 종이를 만들던 관청

1일 양주에서 잡혀왔다. 업이를 체포한 것도 이종원과 육중창이었다. 관련자들의 심문을 통해 밝혀진 진실은 다소 초라하고 우스웠다. 노비 업이가 신금에게서 기와를 구입해 달라는 부탁을 받고 돈을 받았는데 다른데 써 버린 것이 화근이었다. 고민하던 업이는 평소 알고 지내던 이오장을 찾아가서 이 사실을 털어놨다.

"이미 돈은 받아 썼고, 기와가 나올 곳은 없으니 의열궁 북쪽 담장의 기와를 뜯어다 건네주세."

약속을 맺은 두 사람은 6월 10일 의열궁 뒤쪽 산으로 갔다. 산기슭에 있는 바깥 담장을 고른 것은 인적이 드물었기 때문이었다. 하지만 가는 날이 장날이라고 마침 그 산에서는 조지서에서 일하는 이인득이 홍화를 따고 있던 중이었다. 이인득과 마주친 업이는 사실대로 털어놓고 가담할 것을 권유했다. 이렇게 세 명으로 늘어난 도둑들은 의열궁의 담장에 올려진 60장의 기와를 걷어서 20장씩 나눠서 짊어지고 내려왔다. 그러다가 대동에 사는 김금금과 마주쳤다. 김금금이 무슨 기와냐고 묻자 업이는 태연스럽게 대꾸했다.

"지난번 동네에서 집을 허물 때 품을 팔면서 한 장 한 장 구해놨던 것을 가지고 내려오는 길이다."

그러자 김금금은 기와를 팔아주겠다고 나섰다. 그의 집으로 기와를 옮긴 세 사람은 60장의 기와 중 20장은 미리 돈을 받은 신금에게 넘겨줬고, 나머지 40장은 김금금이 주선한 안경택이라는 전직 내관에게 팔았다. 싼 값에 넘겼다는 진술로 봐서는 김금금 역시 훔친 기와라는 점을 눈치챈 것으로 보인다. 네 명은 포도청에서 '사라진 기왓장' 수사에 나선 것을 알았지만 자신들을 찾아내리라고는 상상하지도 못했다. 하지만 두 군관의 끈질긴 탐문에 결국 덜미가 잡히고 말았다. 범인들이 어떤 처벌을 받았는지는 나와 있지 않지만 아마 변방의 노비로 끌려갔을 가능성이 높다.

문제는 엉뚱한 곳에서 터졌다. 범인들에게서 40장의 기와를 산 안경택은 정조 즉위 초에 역적으로 처형당한 내관 안경담의 사촌이자 역시 같은 혐의로 처형당한 안경훈의 동생이었다. 물론 내관들끼리 입양된 관계이긴 했지만, 즉위 초반부터 암살 위협에 시달리던 정조의 신경을 건드리기에는 충분했다. 두 사람이 처형당할 때 안경택 역시 방축향리(放逐鄕里), 즉 관직을 내놓고 시골로 쫓겨난 상태였다. 하지만 허가도 받지 않고 조용히 한양으로 들어와서 살다가 이번 일로 발각된 것이다.

노론의 반대로 어렵게 즉위했고, 실제로 암살 위협까지 겪었던 정조로서는 시골로 쫓겨난 내시가 몰래 한양으로 들어왔다는 사실에 촉각을 곤두세웠다. 안경택은 궁궐에서 쫓겨나서 고향인 과천으로 내려갔다가 몇 년 후에 몰래 장동의 본가로 이사를 왔다고 털어놨다. 정조는 안경택을 멀리 쫓아버리라고 지시하는 한편, 그와 만난 내시 문봉억과 박의민도 궁궐에서 내쫓았다. 안경택을 제대로 관리하지 않은 과천현감과 업이의 주인 이한겸 등도 줄줄이 처벌당했다. 그리고 재빠른 탐문 수사로 범인들을 조기에 체포한 공로도 잊지 않았다. 두 군관을 칭찬하고 포상을 내리라는 명령으로 사건을 마무리 지은 것이다.

이종원과 육중창처럼 콤비로 활약한 탐정은?
미카엘 블롬크비스트 & 리스베트 살란데르
Mikael Blomkvist & Lisbeth Salander 스티그 라르손 지음

백짓장도 맞들면 낫다는 오래된 속담이 있다. 아무리 쉬운 일도 혼자보다는 두 명이 함께 하면 낫다는 의미인데, 주인공이 고독하게 활약하는 추리소설에서는 약간 어울리지 않는 조합처럼 보일지도 모른다. 홈즈와 왓슨처럼 '주연과 비중 큰 조연' 콤비라던가 경찰소설 같은 등장인물들이 집단으로 등장하는 경우를 제외하더라도 두 명의 주인공이 함께 나서는 작품은 꽤 눈에 띄지만, 둘의 활동 비중이 절반씩을 이루는 경우는 무척 드물다. 예를 들어 FBI요원 알로이시어스 팬더개스트와 뉴욕 경찰 빈센트 다고스타는 말이 좋아 콤비일 뿐이지 홈즈와 왓슨 관계에서 그다지 벗어났다고 하기 힘들다. 조지 펠레카노스가 탄생시킨 50대의 데릭 스트레인지와 젊은이 테리 퀸 콤비는 나이 차이 때문에 사제지간처럼 보인다. 특히 남녀 파트너인 경우는 더욱 그렇다. 1930년대 등장했던 닉과 노라 찰스 부부에서부터, 1990년대에 등장한 보스턴의 사립탐정 켄지 패트릭과 안젤라 제나로. 뉴욕의 사립탐정 빌 스미스와 리디아 친에 이르기까지의 남녀콤비는

남성 주인공 1인칭으로 이야기가 전개되면서 여성 주인공의 활약이 다소 약하게 보인다. 이것은 각자의 활약을 절반씩 나누는 것이 쉬워 보여도 실제로는 그렇지 않음을 보여주는 사례이다.

물론 이러한 사례들을 깨는 콤비가 없는 것은 아니다. 21세기에 들어와 스웨덴의 저널리스트 출신 작가 스티그 라르손이 탄생시킨 「밀레니엄 시리즈」에 등장하는 남녀 콤비가 바로 그들이다. 작가의 분신인 듯한 저널리스트 미카엘 블롬크비스트와 컴퓨터 해커 리스베트 살란데르는 거의 비슷한 비중으로 활약한다는 점 이외에도 여러 면에서 고정관념을 깬다.

소송에 말려들어 유죄판결을 받고, 잡지사가 경영난에 빠지면서 궁지에 몰린 미카엘 블롬크비스트는 은퇴한 대재벌 총수에게서 36년 전에 일어났던 종손녀 실종사건의 수수께끼를 해결해 달라는 의뢰를 받는다. 이 과정에서 보안경비업체의 정보 조사원인 리스베트 살란데르와 알게 되면서 뜻밖의 도움을 받게 된다. 이후 그들은 동료도 아니고 연인도 아닌, 남들이 보기에는 기묘한 관계 속에서 사건을 해결하는 단서들을 발견해 나간다.

미카엘은 이른바 탐사 저널리스트이자 시사 잡지《밀레니엄》의 편집자 겸 공동 경영자로, 잡지뿐만 아니라 종종 방송에도 출연하여 문제를 제기할 때도 있다. 딸이 하나 있는 이혼남인 그는 이성 관계에 있어서만큼은 다소 복잡한 편. 직장동료인 유부녀

에리카를 비롯해 다양한 여성과 깊은 관계를 가진다. 동화 작가 아스트리드 린드그렌의 작품 속 주인공인 소년탐정의 이름 '칼레 블롬크비스트'와 이름이 같아 종종 놀림을 받는다.

한편 거식증 환자처럼 보일 정도로 마른 몸 때문에 나이보다 훨씬 어려보이며, 얼굴 여러 곳에 피어싱을 한 리스베트는 외모만으로 짐작할 수 없을 정도의 뛰어난 능력을 가진 해커다. 인터넷을 통해 못 하는 일이 없을 정도이며 자신이 본 것을 빠짐없이 기억하는 놀라운 기억력의 소유자다. 빈약해 보이는 외모와는 달리 격투기를 익혀서 웬만한 남자들은 손쉽게 때려눕힌다. 그러나 원만한 인간관계를 맺는 데는 전혀 관심이 없는 스물네 살의 여성이다. 어린 시절 학대받은 트라우마를 가지고 있으며 그러한 과거의 상처를 잊기 않기 위해 온몸에 문신을 새겨 넣었다.

외형상 공통점이라고는 전혀 없어 보이는 중년 엘리트 저널리스트와 20대의 문신투성이 펑크족 여성. 이들은 탐정도 아니고 경찰 또한 아니지만, 취재 과정이나 의뢰, 혹은 자신이 연관된 사건이 뜻밖에 커다란 어둠을 가지고 있음을 알게 된다. 수십 년간 범행을 저질러 온 연쇄살인범, 정부마저도 건드리기 힘들어하는 성매매집단, 공권력을 가진 사악한 집단 등 강력한 힘을 가진 '악'을 상대로 정의를 추구하는 저널리즘, 그리고 신기에 가까운 해킹 능력으로 맞선다.

두 사람의 살아왔던 길과 앞으로 갈 길 역시 다르지만, 어느 한 쪽에 기울어짐 없는 어우러짐은 근래에 보기 드문 통쾌함을 느끼게 해 준다.

참고문헌

온라인 사이트

한국고전종합 DB : 조선왕조실록, 심리록, 일성록, 승정원일기
초이's 미스터리 (churi4u.khan.kr) / 테마로 읽는 미스터리

단행본

정약용 저, 박석무 역 / 역주 흠흠신서 1, 2, 3 / 현대실학사, 1993
왕여 저, 김호 역 / 신주무원록 / 사계절, 2003
심재우 / 조선후기 국가권력과 범죄 통제 - 심리록 연구 / 태학사, 2009
유승희 / 미궁에 빠진 조선 - 누가 살인자인가? / 글항아리, 2008
이수광 / 조선을 뒤흔든 16가지 살인사건 / 다산초당, 2006
강명관 / 조선의 뒷골목 풍경 / 푸른역사, 2003
심재우 / 네 죄를 고하여라 - 법률과 형벌로 읽는 조선 / 산처럼, 2011
김인호 / 조선의 9급 관원들 - 하찮으나 존엄한 / 너머북스, 2011
임상혁 / 나는 노비로소이다 - 소송으로 보는 조선의 법과 사회 / 너머북스, 2010
허남호 / 너희가 포도청을 어찌 아느냐 - 조선시대 경찰과 범죄 / 가람기획, 2001
김범 / 연산군 - 그 인간과 시대의 내면 / 글항아리, 2010
이종호 / 조선최대의 과학수사 X파일 / 글로연, 2008
이명복 / 조선시대 형사제도 / 동국대학교 출판부, 2007
허남호 / 조선시대 행형제도에 관한 연구 / 한국형사정책연구원, 2000
류승훈 / 조선의 법 이야기 / 이담북스, 2010
최재천 / 살인의 진화심리학 / 서울대학교 출판부, 2003
이정훈 / 조선시대의 법과 법사상 - 포용적 법실증주의자의 분석 / 선인, 2011
안길정 / 관아를 통해서 본 조선시대 생활사 상, 하 / 사계절, 2000

오토 펜즐러 / 라인업 / 박산호 역 / 랜덤하우스코리아, 2011

논문

임재표 / 조선시대 인본주의 형사제도에 관한 연구 / 단국대학교 박사학위 논문, 2002

연재물

박광규/ 명탐정 기행/ 스포츠투데이, 2000

조선의 명탐정들

1판 1쇄 펴냄 2013년 10월 28일
1판 6쇄 펴냄 2018년 12월 13일

지은이 | 정명섭 · 최혁곤
발행인 | 박근섭
편집인 | 김준혁
펴낸곳 | 황금가지

출판등록 | 2009. 10. 8 (제2009-000273호)
주소 | 135-887 서울 강남구 신사동 506 강남출판문화센터 5층
전화 | **영업부** 515-2000 **편집부** 3446-8774 **팩시밀리** 515-2007
홈페이지 | www.goldenbough.co.kr

도서 파본 등의 이유로 반송이 필요할 경우에는 구매처에서 교환하시고
출판사 교환이 필요할 경우에는 아래 주소로 반송 사유를 적어 도서와 함께 보내주세요.
135-887 서울 강남구 신사동 506 강남출판문화센터 6층 민음인 마케팅부

정명섭 · 최혁곤 ⓒ ㈜민음인, 2013. Printed in Seoul, Korea

ISBN 978-89-6017-764-2 04900

㈜민음인은 민음사 출판 그룹의 자회사입니다.
황금가지는 ㈜민음인의 픽션 전문 출간 브랜드입니다.